KB264725

예술의 임무

문무학 예술칼럼

예술의 임무

초판 1쇄 발행 | 2012 년 1월 1일

지은이 | 문무학
펴낸이 | 신중현
펴낸곳 | 도서출판 학이사
　　　　출판등록 : 제25100-2005-28호
　　　　주소 : 대구광역시 중구 국채보상로 101길 15(동산동 7)
　　　　전화 : (053) 554~3431,3432
　　　　팩스 : (053) 554~3433
　　　　홈페이지 : http : // www.학이사.kr
ISBN | 978-89-93280-37-1 03040

예술의 임무

● 일러두기
이 책의 글은 2011년 1년 동안 〈대구일보〉에
예술칼럼으로 월2회 게재된 것을 모은 것입니다.

예술 – '예' 하고 나누는 술

'예술'은 무엇인가? '나는 예술을 한다.' 하기도 하고, 예술인이라고 생각(?)하고 살면서도, 정작 누가 내게 '예술'이 뭐냐고 물어온다면, '예술은 이것이다.' 하고 간단하고 명료하게, 더 이상 의심 없이 받아들일 수 있는 대답을 들려줄 수 없다. 참 답답한 일이다. 그런 사람이 어떻게 '예술을 합네.' 혹은 '예술인이네' 라고 말할 수 있는가 자책하지 않을 수 없다. '삶'이 무엇인지도 모르고 살아가고 있는 것에서 궁색한 변명을 찾고 위안을 얻을 수도 있긴 하지만 어딘가 켕기는 구석이 있는 것이다. 진정 예술가라면 말이다.

아무튼 '예술'이 무엇인가? 에 대해, 이미 다른 사람이 말하지 않은 말로 정의해보고 싶어진다. 그러기 위해선 일반적으로 예술이 어떻게 정의되고 있으며, 다른 사람들은 어떻게 정의하고 있는지를 살펴보아야 한다. 그런데 그게 어찌 또 그렇게 만만한 일이겠는가. 예술에 관심 있는 사람들마다, 헤아릴 수 없을 정도로 많은 지구상의 예술가들이 나름대로 한 마디씩 남기기도 했을 터이니 어쩌면 평생을 바친다 해도 다 검토하지 못할 것이다. 그렇기는 하지만 예술에 대한 내 정의내리기를 포기할 수는 없다.

아쉬운 대로 내 서재에 있는 자료에 한정해서 그 정의에 다가서 보기로 한다. 가장 손쉬운 방법으로 '국어사전'을 편다. 국어사전은 '예술'을 세 가지의 의미 즉, ① 기예와 학술을 아울러 이르는 말 ② 특별한 재료, 기교, 양식 따위로 감상의 대상이 되는 아름다움을 표현하려는 인간의 활동 및 그 작품 ③ 아름답고 높은 경지에 이른 숙련된 기술을 비유적으로 이르는 말, 로 풀이하고 있다. 내가 궁금해 하는 예술의 의미는 사전이 풀고 있는 ②의 뜻, 아름다움을 표현하려는 인간의 활동에 관련되는 것이다.

국어사전이 풀고 있는 말 뜻 만으로 예술이 이해되지 않는다. 예술이 그리 간단치 않기 때문이다. 그래서 내가 가진 러시아 작가 Lev Nikolavich Tolstoi 의 책(이철 역), 미국 여류 철학자, Susanne, K. Langer의 책(이승훈 역) 《예술이란 무엇인가》라는 똑 같은 제목의 책을 뒤적인다. Tolstoi는 1장부터 20장에 이르는 책을 통해 "선善을 촉진하는 것만이 참된 예술"이라고 주장한다. Langer는 '일반예술론'과 '문학예술론'으로 나누어 기술했는데, 예술을 "느껴질 수 있는 것의 일체"라고 말하기도 한다.

이런 정의들을 보면 조금은 알 것 같다 싶기도 하지만, 예술이 무엇인가가 구체적으로 잡히지 않는다. 다시 '예술'을 정의한 이런 저런 말들을 떠올린다. 비디오 아티스트 백남준은 "예술은 고등 사기다."라는 정의를 내려 우리에게 충격을 주었다. 대부분의 사람들이 고상하게 느끼고 있는 예술을, 우리가 가장 질시하고 있는 사기에 비유한 것이다. 그래서 고개를 갸웃거리기도 하지만 그 정의는 참으로 통쾌하다. 예술이 뭔지도 모르니까, 그리고 사기도 몰라서 당하지 알면 그 누가 당하겠는가.

그 외 1929년 노벨문학상 수상 소설가. Thomas Mann은 "예술은 힘이 아니라 위로"라고 했고, 독일 작곡가 Beethoven Ludwig van은 "나의 예술은 가난한 사람들의 행복을 위해서 바쳐지지 않으면 안 된다."고 했다. 또 20세기 대표적 화가로 불리는 Pablo Ruiz Picasso는 "예술은 슬픔과 고통 속에서 생긴다."는 말을 남겼다. 이런 정의들 속에 슬픔, 고통, 가난, 행복, 힘, 위로라는 낱말들이 나온다. 그렇다면 이런 말들을 다 안고 있는 것이 우리 삶이니까. 예술이 우리 삶속에 있다는 것은 알 수 있겠다.

검토 사항을 모두 나열할 수는 없어, 이 정도를 근간으로 예술을 나만의 말로 정의하려 한다. 먼저 '예술'이란 낱말을 헤쳐 본다. '예술'이라는 말의 순수 우리말을 알지 못하기 때문에 한자의 뜻에 기댄다. 한자의 '藝(예)'는 그 글자도 복잡하지만 여러 의미를 담고 있다. 한자는 상형문자라 글자가 복잡하면 뜻도 복잡하기 마련이다. ① 재주 ② 재주 있을 ③ 법 ④ 끝 ⑤ 나눌 ⑥심을, 의 뜻이 있다. '術(술)'자 또한 '예'자에 못지않게 ① 길 ② 꾀 ③ 엽(일) ④ 술수 ⑤지을, 이라는 뜻을 갖고 있다.

‘藝術(예술)’이란 한자의 뜻을 살펴보면서 나는 그래, 나만의 정의를 여기에서 만들 수 있겠다 싶었다. 두 글자의 뜻을 조합하면 몇 개의 정의를 내릴 수 있기 때문이다. 깊이 생각하지 않아도 ‘예술은 끝까지 가는 길이다.’, ‘예술은 나누는 일이다.’라는 말들이 만들어진다. 그럴듯하기도 하다. 예술의 길은 그야말로 목숨이 다 하는 날까지 가는 길이 아닌가. 예술의 길에 어찌 끝이 있을 수 있는가. 조금 생뚱맞긴 하지만 ‘인생은 짧고 예술은 길다.’라는 그리스 의학자 Hippocrates의 말을 떠올려 봐도 좋겠다.

예술을 ‘나누는 일’로 정의하는 것도 Beethoven이나 Thomas Mann의 견해가 그런 정의를 뒷받침해 준다. 예술 작품을 창작하는 예술가. 그 작품을 감상하는 향수자, 그들이 마음을 나누는 일을 예술로 보아도 좋지 않겠는가. 백남준이 ‘고등 사기’라고 정의한 것도 ‘藝術’이란 한자어가 품고 있는

‘꾀’ 니 ‘술수’ 니, ‘재주’ 라는 말의 뜻과 아주 가깝다. 무모하다 싶은 이 정의내리기 과정을 통해 무엇을 알아내고자 할 때, 그 낱말 자체를 발가벗겨 보는 것이 가장 먼저 해야 할 일이란 깨달음 하나 얻는다.

그러나 아쉽다. 우리말로는 정의해낼 수 없는 것인가. 나는 기어이 ‘예술’ 을 한글로 읽어 정의내리기를 감행한다. ‘예술은 예, 하고 마시는 술〔酒〕’ 이라고……. 예술을 즐긴다는 것, 작품의 주제에 대한 ‘예’ 라는 대답 아닌가. 그리고 아픈 삶이 술로 위로 받듯 그렇게 예술로부터도 위로 받는다. 그리고 또 예술가는 원래 술과 참 친하다. 한자의 뜻과 한글의 소리를 섞어 예술을 ‘끝없는 길에서 ‘예’ 하고 나누는 술‘ 로 정의한다. 욕심 하나 보탠다면 내가 나누는 술은 아주 독해서 누구라도 한 잔에 금방 취해 버렸으면 좋겠다.

차례
Contents

문화와 예술은 다르다

‘문화文化’와 ‘예술藝術’은 같은 말인가? 다른 말인가? 같으면 무엇이 같고 다르면 무엇이 다른가? 참 어리석은 질문 같다. 21세기에 접어들면서 이 말들이 부쩍 많이 쓰이는데, 그 쓰임이 바르지 않아서 편치 않을 때가 많다. 결론부터 말하면 문화와 예술은 분명히 다르다. 그런데 문화와 예술을 혼용하고 있다. 뿐만 아니라 ‘문화예술’이라고 해서 아예 한 낱말로 쓰는 경우도 참으로 많다.

일반인들은 그렇다고 하더라도 이른바 예술계에 종사하거나 예술 행정을 하는 사람들까지 문화와 예술의 의미를 분명하게 구분해 쓰지 않는 것은 바람직한 일이 아니다. 굳이 따져 본다면 '문화 도시 대구'라고 하면 옳지 않은 말이다. 어느 시대건 어느 도시든 문화가 없었던 적은 없었기 때문이다. 예술이 융성하든 예술 활동이 이루어지지 않아도 문화도시는 문화도시인 것이다. 그러나 예술 활동이 융성하도록 하겠다는 의지로 '예술 도시 대구'라고 하면 틀리는 것이 아니다.

국어사전을 통해서 살펴보면, '문화文化'는 ① 자연 상태에서 벗어나 일정한 목적 또는 생활 이상을 실현하고자 사회 구성원에 의하여 습득, 공유, 전달되는 양식이나 생활양식의 과정 및 그 과정에서 이룩하여 낸 물질적·정신적 소득을 통틀어 이르는 말. 의식주를 비롯하여 언어, 풍습, 종교, 학문, 예술, 제도 따위를 모두 포함한다. ② 권력이나 형벌보다는 문덕文德으로

백성을 가르쳐 인도하는 일. ③ 학문을 통하여 사람들의 인지
人智가 깨어 밝게 되는 것으로 풀고 있다.

　예술藝術은 ① 기예와 학술을 아울러 이르는 말. ② 특별한 재
료, 기교, 양식 따위로 감상의 대상이 되는 아름다움을 표현하
려는 인간의 활동 및 그 작품. 공간 예술, 시간 예술, 종합 예술
따위로 나눌 수 있다. ③ 아름답고 높은 경지에 이른 숙련된 기
술을 비유적으로 이르는 말로 각각 풀이되고 있다.

　필자가 말하고자 하는 문화와 예술의 의미는 문화의 ① 과 예
술의 ② 풀이다. 이 해석을 비교해보면 누구나 알 수 있는 일
이지만 문화와 예술은 같은 의미가 아니다. 그러니까 예술은
문화의 넓은 범위 속에 속하는 한 분야다. 따라서 우리가 문화
예술이라고 흔히 하는 말은 문화와 예술을 아우르는 말로 그
뜻이 분명하지 않는 것이다. 예술 활동을 가리키려면 예술문
화라고 해야 말법이 맞다. 언어는 생성 소멸하는 것이라 대중

이 그렇게 부르면 그것이 정착되는 경향을 가지고 있기는 하다. 그러나 우리 사회에서 예술이라고 써야 할 곳에 '문화 예술'이라고 쓰는 것은 지양해야 한다. 문화 속의 예술이기 때문에 예술을 지칭하고자 할 때는 예술로만 쓰면 된다. 굳이 문화라는 말을 붙이고 싶다면 '예술문화'로 써야 할 것이다.

영어에서도 문화와 예술은 다르게 표현 된다. 문화의 'Culture'는 ① 교양, 세련, ② 정신문명, ③ 훈련, 수양, 양식, 재배, 배양의 의미를 가지고, 'Art'는 ① 예술, 미술 ② 삽화 ③ 기술, 기예 ④ 과목 ⑤ 인공, 기교 ⑥ 술책, 책략의 뜻을 가진다. '예술'은 문화의 한 영역이다. 따라서 예술을 문화로 불러서는 곤란하다. 문화는 그 범위가 아주 넓어 바로 우리 삶의 모든 영역이며, 예술은 문화 중에서 아름다움을 표현하고 창조하는 활동인 것이다.

예술이 문화에 포함되기 때문에 문화라고 해도 틀리는 것은 아니지 않느냐? 라고 반문을 할 수 있다. 그렇다. 그러나 "너는 누구냐?"라고 질문했을 때 "나는 대한민국 국민이다."라고 대답하면 틀리지는 않는다. 그렇지만 그 사람에 대한 구체적인 정보를 얻을 수 없다. 이렇게 말은 틀리진 않지만 그 뜻을 정확하게 쓰지 않으면 혼란을 부를 수 있는 것이다. 이런 예가 한둘이 아니겠지만 예술이라고 해야 옳은 곳에 문화라는 말을 굳이 갖다 붙이는 일은 삼가야 할 일이다. 문화계나 예술계에 있는 사람들만이라도 문화와 예술의 말뜻을 분명히 구분하고 사용했으면 좋겠다.

2011. 1. 14.

왜! 예술가인가?

누구에게나 누이 같고 언니 같으며 만인의 어머니 같은 소설가 박완서 선생이 80세를 일기로 세상을 떠나셨다. 조금 더 사시면서 우리에게 삶의 길을 안내해 주셨으면 좋았을 텐데 서운함이 참으로 크다. 날씨마저 몹시 추운 때라 가시는 길이 어떤지 모르지만 슬픔이 더 하다. 작품을 통해 우리에게 큰 위안을 주셨던 것은 말할 필요도 없지만 떠나시면서 남긴 말들이 선생을 참으로 우러러보지 않을 수 없게 한다.

대통령이 금관문화훈장을 추서하였듯이, 그의 장례식이 조금 요란해도 크게 나무랄 사람 없을 테지만 천주교식 가족장으로 치러졌다. 거기다. "가난한 문인들에게 돈 받지 마라."는 유언을 하시어 조의금을 사절하였다. 이 두 가지 사실에서 참으로 느끼는 바가 많다. 정신의 소박함을 읽어낼 수 있고, 후배들을 배려하는 마음이 얼마나 깊은가를 알 수 있다.

세상이 이기주의로 흘러 제가 살기 위해, 자신을 드러내기 위해, 배신을 일삼고, 중상모략이 판치는 때, 참으로 신선한 바람이다. 그런 정신이 바탕이 되어 선생의 작품이 만인의 가슴을 적셨는지도 모른다. 예술이 중요하다고 말은 하지만 책 한 권 읽지 않고 공연장이나 전시장은 거들떠보지도 않는 세상에서 예술가들이 왜 필요한가를 느끼게 하는 일이 아닐 수 없다.

세상을 겸손하게 살라는, 그리고 남을 배려하며 살라는 뜻을 말이 아니라 행동으로 실천하여 선생의 떠남을 더욱 아쉬워하게 하는 것이다. 문인들 뿐 아니라 모든 예술인들은 이 위대한 예술가가 세상을 떠나면서 남긴 유언에 대해 깊이 생각해야 할 것 같다. 후배들을 배려하는 그 마음에서 진정한 예술가의 정신 같은 것이 느껴지지 않는가.

선생은 산문집 《호미》의 마지막 글 '딸에게 보내는 엄마의 편지' 에서 "엄마가 말년을 깔끔하게 정리할 수 있도록 도와다오."라고 썼다. 그러니까 선생은 깔끔한 말년을 위해 오래 전부터 준비하고 있었다는 것을 알 수 있다. 선생의 말년은 '깔끔함' 을 넘어 위대하게 정리되었다고 하지 않을 수 없다. 어찌 이 보다 더 큰 가르침을 주고 세상을 떠날 수 있겠는가.

다시금 책꽂이에 꽂힌 《호미》를 꺼내 본다. 전원에서 자연의 변화를 피부로 느끼며 사는 사람의 여유로운 삶이 페이지마다 가득하다. '꽃 출석부' 를 만들어 꽃의 이름을 부르며 사는 저자가 오랜 시간 잡고 있었을 호미를 예찬한 글은 이 책을 쉽게 잊지 못하게 한다. "고개를 살짝 비튼 것 같은 유려한 선과, 팔과 손아귀의 힘을 낭비 없이 날 끝으로 모으는 기능의 완벽한 조화는 단순 소박하면서도 여성적이고 미적이다. 호미질을 할 때마다 어떻게 이렇게 잘 만들었을까 감탄을 새롭게 하곤 한다."

누가 호미를 이렇게 예찬할 수 있는가. 저자의 표현처럼 '감탄을 새롭게' 하지 않을 수 없다. 백무산 시인은 "평생 여자가 맨 고랑이 얼마인지 알 수 없으나 / 여자의 몸은 둔덕처럼 두두룩하니 굽어져있어 / 고랑에 들면 눈에 잘 띄지 않았다." 라고, 한평생을 밭일에 시달리다 죽음을 맞이한 여인의 생애를 호미에 빗대 노래한 적 있었지만, 호미를 이렇게 아름답고 적절하게 묘사한 글을 지금껏 읽지 못했다.

박완서 선생께서 떠나셨다는 소식 들으며 맨 먼저 떠오른 것이 이 글이었다. 그리고 평생 호미를 놓지 않으시고 아흔 여섯

의 삶을 살다 떠나신 우리 어머니가 호미에 오버랩 된다. 박완
서 선생의 영전에 멀리서 우리 어머니 떠나시고 썼던 졸시를
바치며 위대한 예술가의 삶이 어떤 것인가를 오래 생각할 것이
다.

　　한 평생 흙 읽으며 사셨던 울 어머니
　　계절의 책장을 땀 묻혀 넘기면서
　　호미로 밑줄을 긋고 방점 꾹, 꾹, 찍으셨다.

　　꼿꼿하던 허리가 몇 번이나 꺾여도

　　떨어질 수 없어서 팽개칠 수 없어서
　　어머닌 그냥 그대로 호미가 되셨다.

2011. 1. 28.

문화 정책, 예술이 되어야 한다

　문화 정책과 문화 행정은 적어도 예술적이거나 나아가 예술 그 자체를 지향해야 한다. 예술은 창조되는 것이다. 그래서 예술에는 교과서가 없다. 만약 교과서가 있다면 그것은 이미 예술의 범위를 벗어난 것이다. 따라서 문화 정책과 문화행정에도 교과서가 있을 수 없고, 또 있어서도 안 된다. 문화 교과서가 있다면 한 나라는 똑 같은 문화의 양식만 있게 될 것이다. 문화 정책은 일반 정책의 수준과 안목으로 접근해서는 안 되고 문화

행정도 일반 행정의 수준으로 처리되어서는 안 된다.

이 특성이 무시된 모든 문화 정책은 겉치레에 불과하다. 문화 정책은 일반성에서 벗어나야 하고, 무엇보다도 그 지역과 향토사가 바탕이 되어야 한다. 중앙에서 만들어진 책으로 공부하는 것이 아니라 그 지역에 맞는 책을 만들어가야 하는 것이다. 지금 우리나라의 많은 지방자치단체가 거의 같은 수준에 머물러 있다. 지역마다 축제가 많지만 특색 있는 축제는 드물고 서로 베껴 먹기 축제가 만연하고 있는 근본적인 이유도 바로 여기에 있다.

문화 정책은 무엇보다 장기적인 안목을 가져야 한다. 그러나 지방자치단체장을 선거로 뽑는 지방자치시대는 성과주의가 횡행한다. 자치단체장들이 무엇인가 만들어 일을 열심히 하는 것처럼 보여야 하기 때문에, 임기 내에 무엇인가 만들어야 하고, 무엇인가를 보여주고 싶어 하기 때문에, 졸속으로 흐를 우려가

대단히 크다. 문화 예술은 특성상 성과를 단기간에 드러내기 어렵고, 그래서 지방 정부가 관심을 크게 가지지 않는 경향이 있다. 어쩌면 조잡한 것을 너무 많이 만들어, 만들기보다 치우기에 더 신경 써야 할 부분도 없지 않다.

문화 정책의 시행에서 성과주의에 만연한 사고는 예술 발전의 큰 걸림돌이 되고 있다. 공연이나 전시장에 사람만 많이 모이면 무조건 성공한 행사로 평가하고, 아무리 훌륭한 공연이나 전시라도 사람이 적게 모이면 실패한 것으로 인식하는 틀을 바꾸지 않으면 안 된다. 예술은 언제나 새로운 것을 지향하는 것이다. 따라서 예술적 깊이가 있어야 한다. 훌륭한 예술 작품은 개인에게 꿈을 꾸게 하고, 인류에겐 미래를 제시하는 역할을 한다. 단 한 사람의 관객 앞에서 수십 명의 출연자들이 공연을 했다고 해도 의미 없는 것이 아니다.

예술은 궁극적으로 즐기는 것이라는 단순 사고에 빠져서도 안 된다. '즐김'이라는 것을 무시해서도 안 되지만 예술 작품에는 우리의 미래가 있다. 오늘의 예술적 상상력이 인류의 미래가 된다는 사실을 중시해야 한다. 공장에서 제품을 만드는 것과 예술 작품을 만드는 것은 분명 차이가 있다. 문화 산업이란 말이 등장하면서 예술을 경제성과 연결시켜 평가하는 풍조는 인문학의 위기라는 말과 함께 순수 예술의 퇴보라는 재앙을 초래할지도 모른다.

이런 표현은 지나치다는 비난을 받을지 모르지만, 인간이 표피적인 것에 몰두하여 삶의 깊이를 모르고 가벼워지고, 인간이 사고하기를 거부하는 풍조를 만연시킨다면 어떻게 될 것인가. 인간성 상실이라는 무서운 결과를 초래할 것이다. 살기 좋아지는 세상인데, 범죄율이 높아지고, 자살율은 왜 높아지는가를 생각한다면 결코 가벼이 할 일이 아니라는 것을 이해할 수 있을 것이다.

따라서 예술 정책의 기반엔, 인간과 지역이 자리해야 한다. '글로벌 시대', '벤치마킹'이라는 말들이 세계를 향하라고 강요하고 있지만, 한 지역의 문화 정책에서 바라보아야 할 것은 세계가 아니라 지역이고, 인류가 아니라 지역민이다. 세계에 문화 도시로 알려진 도시들이 한두 해 만에 이루어진 곳이 어디 있으며, 그 지역적 특색을 발휘하지 않은 곳이 어디 있는가? 따라서 우리 지역의 문화 정책은 대구에 사는 시민과 그들이 살아온 향토사가 그 바탕이 되어야 한다. 대구가 문화 도시가 되려면 대구만이 가진 그 '무엇'을 찾아내야 한다. 서울 같은 대구나, 파리나 뉴욕 같은 대구를 만드는 것이 목표가 되어서는 안 된다.

2011. 2. 11.

시각 예술에 대한 나의 관심은

전통적으로 '미술(Art)'로 부르는 예술 분야가 1990년대 이후 '시각 예술(Visual arts)'로 지칭된다. 우리나라에서는 문화체육관광부가 2004년 발표한 '새 예술 정책'에서 '미술' 대신 '시각 예술'이란 용어를 공식적으로 사용했다. 용어가 바뀐다는 것은 시대 흐름이 수용된다는 것인데 미술이 시각 예술로 불리면서 그 영역이 넓어진 것이다. 회화, 조각, 서예, 판화 등의 순수미술 분야와 공예, 디자인 등의 응용미술을 포괄적으로 지칭하는 개념이 된 것이다.

용어가 어떻게 달라지든 문제는 예술계의 관심은 대중의 접근성이다. 시각 예술의 대중성은 공연 예술과는 차이가 있다. 작품을 소장과 교환이 가능한 재화를 대상으로 하는 특수성이 있기 때문이다. 따라서 시각 예술의 대중은 작품을 관람, 감상하는 것 뿐 아니라 구매하는 차원이 모두 고려되어야 하는 것이다.

예술 관객에 대한 많은 연구를 해온 미국의 사회학자 폴 디마지오(P. Dimaggio)는 미술관의 대중을 '후원자 대중', '마케팅 대중', '사회적 대중'으로 구분한다. 후원자 대중은 예술가에 대한 동류의식을 갖고 문화를 예술가(창작자)의 시각에서 바라보는 사람들을 가리킨다. 그리고 주요 예술가의 창작물을 수집하고 직접 소비하는 고급문화 계층. 마케팅 대중은 미술관이 마케팅 대상으로 삼는 관람객 층으로 미술관 행사를 관람하고 뮤지엄 숍 등에서 소비하는 일반 대중. 사회적 대중은 미술관을 방문해 본 적이 없거나 미술에 무관심한 계층을 가리킨다.

따라서 예술인들이 관심을 가지는 쪽은 후원자 대중과 마케팅 대중이다. 그렇다고 사회적 대중은 무시하는 대중이 아니라 이들을 잠재적 마케팅 대중, 더 나아가 후원자 대중으로 의식을 높여가는데 관심을 갖는다. 시각 예술의 공급 차원에서 볼 때 최근 몇 년 동안 시각 예술 공간과 전시 등의 행사는 양적으로 꾸준히 증가하고 있다. 이는 사회 문화 경제적인 전개 상황과 맞물려 시각 예술 분야가 전반적으로 전문화 다원화 되고 있기 때문이며 정책적 지원도 중요한 요인이 되었다. 그런데 국민 전반으로 볼 때 시각 예술 문화 공간과 행사에 대한 관람률은 이에 정비례하지 않는다. 2006년 문화향수 실태조사에 의하면 국민의 93.2%가 미술 전시회를 연간 한 번도 관람한 적이 없다는 결과가 나왔다. 그 이유는 시간 부족이니 경제적 부담이니 하는 것들이 대부분이다. 더 깊은 요인은 쉽게 판단할 수 있는 일이 아니다. 어쨌든 시각 예술에 대한 접근성이 용이하지 않다는 점을 시사하는 것은 분명하다.

미국의 Alan R. Andreasen은 관심과 참여는 단계적인 과정을 거쳐 개발된다고 한다. 예술 수용과정은 '무관심 → 관심 → 시도 → 긍정적 평가 → 수용-확신' 으로 발전된다는 것이다. 무관심 단계는 지난 1년간 미술 전시를 한 번도 관람한 적이 없고 관심도 없는 단계. 관심 단계는 지난 1년간 미술 전시를 관람한 적 없으나 관심은 있는 단계, 시도 단계는 지난 1년간 미술 전시회를 1회 관람하였으나 더 많이 관람하고자 하는 관심은 없는 단계. 긍정적 평가 단계는 지난 1년간 미술 전시를 1회 관람하였고, 더 많이 관람할 관심이 있는 단계. 수용단계는 지난 1년간 2개 이상의 미술 전시를 관람하였으나 더 많이 관람하려는 관심은 없는 단계. 확신 단계는 지난 1년간 2개 이상의 미술 전시를 관람하였고 더 많이 관람하려는 관심이 많은 단계를 가리킨다.

시각 예술에 대한 나의 관심이 어느 단계에 있는지는 위의 단계에서 점검해 볼 수 있다. 예술의 시대를 살아가면서 어떻게 하면 될 것인가. 그것은 쉽다. 전시장을 자주 찾아가기만 하면 된다. 자주 가기만 하면 시각 예술에 대한 관심과 실력은 자기도 모르는 사이에 높아질 것이다.

2011. 2. 22.

예술논리로도 신공항은 밀양이다

동남권 신공항 건설 문제를 두고 지역이 분노했다. 서울을 제외한 지방이 처한 위기감에 대해 전혀 관심이 없는 일부 정치인들이 신공항 무용론이니 김해공항 확장론, 결정 연기론 등 다양한 발언을 책임감 없이 쏟아내고 있기 때문이다. 동남권 신공항 건설 문제에 영남권이 결사적으로 촉구하는 것은 지역의 하늘길이 막혀 미래가 막막하기 때문이다. 지역 이기주의가 아니라 미래의 생존 문제가 달려있기 때문이다.

이명박 대통령의 대선 공약사항이기도 했고, 더 큰 틀에서는 국토 균형 발전이라는 대전제가 있다. 서울로서만 대한민국이 발전할 수 있다고 믿으면 분명히 잘못된 생각인데 국토 균형이나 국가의 미래는 전혀 생각지 않고 자기가 처한 정치적 계산으로 무책임한 발언을 하고 있는 것은, 같은 국민으로서 매우 실망하지 않을 수 없다. 한 국가의 수도에 모든 것이 집중되는 것이 바람직한 것인가 하는 문제는 깊이 생각하지 않아도 쉽게 답을 얻을 수 있는 것이다.

신공항 건설 문제가 지금 필요한 이유는 여러 가지가 있다. 영남권 지자체들이 신문광고를 통해 밝히고 있듯이 영남권에는 1,320만 명의 국민이 살고 있고, 밀양이 그 중심이라 항공수요와 접근성과 경제성이 탁월해 국가 발전에 크게 기여할 수 있기 때문이다. 뿐만 아니라 구미, 창원, 포항, 울산 등 국가공단의 37%가 밀집한 산업 중심 지역에 위치해 국가경쟁력을 크게 높일 수 있다. 이런 점들에 관해서는 왜 조금의 관심도 가지지 않는가. 우리는 불행히도 분단국가다. 엄밀하게 말하면 전쟁이 끝난 것이 아니라 휴전하고 있는 상태다. 천안함, 연평도 사건, 대규모 자연 재난 등 국가 위기 시 인천공항을 보완하는 제2관문 공항이 반드시 필요하지 않는가. 그리고 중국, 인도, 동남아 등 세계 항공시장의 급격한 성장에 한발 앞서 대비해야 하는 것 아닌가. 그리고 신공항을 건설하는 일이 한두 해 만에 끝낼 수 있는 것도 아닌데 어떻게 미래를 바라볼 생각을 하지 않는가. 따라서 동남권 신공항 건설은 지금 시작해도 결코 빠른 것이 아니다.

정치논리나 경제논리가 아니라 예술의 논리로도 동남권 신공항은 밀양에 조속히 건설되어야 한다. 우리나라의 경우 정치도 경제도 모두 수도권 중심이지만 예술의 경우는 더욱 심각하다. 국제적인 공연들을 대구에 유치하기가 매우 어렵다. 외국의 유명 예술가들이 대구에 오기를 어려워하기 때문이다. 인천 공항에 내려 대구까지가 너무 멀다는 것이다. 외국 예술인들을 초청할 경우 하루를 더 소비해야 하는 문제가 생기는 것이다.

자연히 대구의 문화 예술이 세계를 향한 발돋움을 하기 어렵다. 우물 안 개구리가 되지 않기 위해서는 우리도 해외로 나가야 하고, 그보다 더 외국인들이 대구로 와서 공연을 하는 횟수를 늘려가야 한다. 그런데 공항이 없으니 그런 길이 막혀있다. 전국 투어가 아니고 대구에서만 공연을 하는, 국제 오페라축제 뮤지컬 축제의 경우 축제를 위해서 무대 세트 등 물적 장비가 많이 들어와야 하는데 공항이 멀어 문제가 많이 발생하는 것이다. 이것은 결국 좋은 작품을 들여오기 어렵게 만든다.

지방에 사는 사람이. 지방에 사는 예술인이 이런 주장을 하면 지역 이기주의고 부처 이기주의라고만 치부할 것인가. 서울시민도, 대구시민도, 경북도민도 모두 대한민국의 국민 아닌가.

좋은 예술 작품도 서울서만 볼 수 있다면 지방과 서울의 격차는 더욱 벌어질 수밖에 없다. 그래서야 어떻게 국민 통합을 이룰 것이며, 국토를 균형적으로 발전시킬 있을 것인가. 특히 정치권에서 선거철만 되면 국토 균형 발전 운운하며 여기 가서 이런 공약, 저기 가서 저런 공약 해놓고, 선거가 끝나면 '나 몰라라.' 하는 식으로 어떻게 국민들에게 신뢰감을 쌓을 수 있겠는가. 정치 논리 경제 논리가 아니라 예술 논리로도 동남권 신공항은 밀양에 건설되어야 한다.

2011. 3. 10.

재외 국민에 대한 문화예술 서비스

지난 달 대구의 뮤지컬 공연단이 필리핀에서 '갓 스펠' 공연을 가졌다. 필자도 동행하게 되었는데 3회 공연에 연 인원 2,200여 명이 관람했고, 뜨거운 찬사를 받았다. 필리핀 국제기아 대책기구와 필리핀 한인선교회의 초청으로 이루어진 이번 공연은 재외 국민들이 고국의 예술에 무척 목말라하고 있다는 사실을 확인하는 기회가 되었다. 대구 공연 팀이 무대 조명 등 매우 열악한 상황에서도 최선을 다하는 모습 또한 매우 아름다웠다.

 공연을 관람하는 태도도 무척 좋았거니와 공연이 끝나고 출연진들을 찾아 사진을 찍자고 매달리는 모습이라든가 반가워하는 모습들이 인사치레로 하는 것이 아님을 느낄 수 있었다. 그들은 정말 조국 공연단의 공연이 그들의 문화 향수를 달래주기도 하고, 함께 살고 있는 다른 국민들 앞에서 어깨가 으쓱해지도록 기쁜 일이라고 말하기도 했다. 대구 출신의 한 여성분은 뒷자리에까지 찾아와서 대접하고 싶다고 적지 않은 돈을 내놓기도 했다.

 뒷자리에 참석한 공연 초청 주체들이 하는 한결같은 이야기는 조국의 예술 공연을 볼 수 있는 기회가 많았으면 좋겠다는 것이었다. 외국 생활에서 가장 안타까운 것이 고국의 문화 예술을 접할 수 있는 기회가 없는 것이라고 한탄하기도 했다. 조국의 공연단이 오면 한인들이 한 자리에 모일 수도 있고 그래서 한인 사회를 단합시키는 일까지 할 수 있다고 했다. 엥헬레스 홀리 엔젤 유니버시티 시어터의 공연을 마치고 그곳 한인회장은 그 지역에 사는 한인들 1,000여 명이 모인 것은 이번이 처음이라며 매우 고무되기도 했다.

이런 모습들을 보면서 우리 정부가 이제 외국에 사는 우리 동포들을 위한 공연단을 만들어 각국으로 순회공연을 하는 일 등을 해야 하지 않을까 하는 생각이 들었다. 재외 국민들에게 투표권을 주면 표를 의식해 그런 일들을 하게 될지 모르지만 순수한 의미에서 외국에 우리나라를 알리고 또 우리의 경제 영토를 넓히고 있는 재외 국민들에 대한 관심을 가질 때가 되지 않았는가 싶다.

문화 예술이 중요하고 21세기 우리 삶을 지배할 것이라는 말들은 많이 하지만 이는 그야말로 말에 지나지 않는다. 우리 국가예산 중에서 문화예술분야 예산은 고작 1% 남짓이다. 우리나라의 경우 분단국가라는 특이한 상황이 있긴 하지만 OECD 가입국이고 세계 경제 대국으로 인정되고 있는데, 문화 예술 분야에 대한 예산 범위도 확대되어야 하고 재외 국민의 문화생활에 대해서도 조국이 관심을 쏟아야 할 때가 된 것이다. 지구촌에서 주목받는 한국이 되기 위해서 하지 않으면 안 될 일이기도 하다.

심지어 재외 국민들은 조국이 자신들을 버린 것 아닌가 하는 생각을 갖기도 한다는데 그것이 절대 지나친 말이 아니다 싶기도 하다. 재외 한국인들의 경제 활동에 관해서만 관심을 가지고, 그들이 벌어들이는 달러에는 관심을 쏟지만, 그들에게 한국인임을 잊지 않고 한국인의 긍지를 가지며 살 수 있도록 하는 일에는 관심이 없다면 잘못된 일이 아닐 수 없다. 재외 국민들이 스스로를 조국에서 버려진 국민이라는 자괴감을 갖게 한다는 것은 잘못되어도 한참 잘못된 것이다.

이제 우리도 진정으로 세계 속의 한국이 되기 위해서는 재외 국민들에게 우리 문화 예술을 감상하고 즐길 수 있는 기회를 만들어주어야 할 것이다. 이를 통해서 국내 예술인들의 해외 무대 경험을 쌓게 해 주고, 그를 통해 세계로 나아갈 수 있는 길을 열어줄 수도 있을 것이다. 좁은 국토 속에서 많은 인구가 살면서 청년 실업이 늘고 있는 것이 사회적 문제이지만, 예술 계로 좁혀보면 예술 실업도 아주 심각한 수준이다. 유학까지 갔다 오고 훌륭한 기량을 갖춘 예술인들이 많지만 국내 무대에 서 그들의 기량을 펼칠 기회를 주지 못하고 있다. 실업대책으 로라도 재외 국민 위로 해외 순회 공연단을 만들 필요가 있다.

2011. 3. 25.

기업과 예술, 어떻게 만나나

21세기에 접어들면서 예술문화가 우리 삶의 전 영역에서 매우 중요한 부문으로 떠올랐다. 따라서 기업은 그 경영에 예술문화를 도입하려 하고, 예술 문화계에서는 기업의 경영 마인드를 도입하려고 한다. 이는 결국 기업은 예술을 알아야 하고 예술도 기업을 알아야 한다는 문제로 귀결된다. 그렇지만 기업이 예술을 아는 것도, 예술이 또 기업을 아는 것도 그리 녹록한 일은 아니다.

그러나 궁극적으로 기업은 예술 문화를 알아야 하고, 예술계 또한 기업을 외면하고 활성화되기 어렵다. 그렇지만 양쪽 다 뚜렷한 방법을 찾지 못하고 있는 것이 대구의 현실이다. 어쨌든 기업과 예술은 만나야 하고 상생할 수 있는 길을 찾아야 한다. 그 길은 어느 한 쪽의 일방통행이 되어서는 안 되고 쌍방통행이 이루어져야 하고 서로에게 유익해야 한다.

지난 6일부터 4박 5일간 중국 강소성을 다녀왔다. 96년부터 이루어지고 있는 대구-강소성 국제예술교류를 위해서였다. 대구의 음악협회와 연예협회 회원으로 구성된 공연단이 교류 공연을 위해 강소성으로 간 것이다. 이번 교류행사는 예년과 달리 중국의 기업과 예술이 만나는 행사로 이루어져 아즈 큰 도전 의식을 가질 수 있었다. 기업과 예술이 만나는 한 유형을 볼 수 있었기 때문이다.

강소성 문련은 중국의 100강 기업에 든다는 태흥시의 제천제

약회사의 컨벤션센터를 공연장소로 잡았다. 공연장이 극장이 아니라 컨벤션센터라는 것이 마음에 걸렸다. 교류단 단장으로 모시고 간 예술인들에게 실례가 되지 않을까 하는 점에서였다. 그러나 막상 공연 장소에 들어서면서부터 내가 걱정한 것은 그야말로 우려에 지나는 것이었고 기업과 예술이 만나는 새로운 스타일을 보여주었다.

컨벤션센터는 만찬장을 겸하는 스타일로 자리마다 네임텍을 붙여 이른바 이 지역의 귀빈들을 모시도록 되어 있었다. 공연 시간이 되자 250석의 초대 인원들이 자리를 채웠고 공연이 시작됐다. 이른바 VIP들을 모신 자리라 그런지 공연에 집중했고 특히 대구 출연자들의 공연에는 엄청난 환호를 보냈다. 그것이 외교적인 치레가 아니라 진정으로 감동하고 있다는 사실을 느낄 수 있었다.

공연을 끝내고 만찬을 했다. 만찬장에서도 계속 공연이 화제가 되었고, 강소성 문련 관계자는 좋은 공연이었다고 거푸 술을 권했다. 기분이 좋았다. 그 보다 더 나의 관심을 끄는 것은 기업과 예술이 만나는 방법이었다. 대구에서도 소규모로 기업에서 공연단을 초청해서 공연을 하는 경우가 전혀 없는 것은 아니지만 국제 교류 공연을 기업에서 유치한다는 것은 아무래도 부러운 일이었다.

만약 대구의 기업에서 공연을 할 수 있는 여건이 되는가 하는 문제를 생각해보면 앞이 캄캄하다. 대구에서 공연장을 갖춘 기업은 내가 알기로는 타창철강 뿐이다. 대구의 기업이 잘 돼야 예술판도 좋아질 수 있다는 구체적인 예가 되는 것이다. 지방정부가 기업 유치를 위해 혼신의 힘을 쏟고 있는 것이 결코 경제계만을 위한 것이 아니라는 것을 예술인들이 깊이 새겨야 할 것 같다.

대구에 공연장은 그 숫자가 결코 적은 것이 아니다. 각 구마다 대형 공연장이 있고, 대학도 대형 공연장을 갖고 있는 곳이 많다. 그리고 문화예술회관을 비롯하여 리모델링에 들어간 시민회관, 오페라 하우스도 있다. 그래서 공연장이 없어 공연을 할 수 없다는 것은 잘못된 말일 수도 있다. 그러나 예술 수요자가 많은 기업에 공연할 자리가 없는 것은 예술 향수자나 공연 주체자 모두에게 불행한 일인 것이다.

최근 '찾아가는 공연'이 많이 이루어지고 있는데 기업보다는 학교가 많고 시설 기관이 많다. 학교도 시설기관도 찾아가서 공연을 해야 할 곳이지만 기업과 예술이 친해지기 위해서는 기업을 찾아가는 공연이 이루어져야 하는데 그것이 어려운 사정인 것이다. 지금 당장 어떻게 할 수 있는 일은 아니지만 그런 분위기를 만들어가는 것이 아주 시급한 일이 아닐 수 없다.

2011. 4. 22.

우리는 무엇을 욕망하는가?

'욕망慾望'의 사전적 풀이는 '무엇을 하거나 가지고 싶어 간절히 바라고 원함 또는 그 마음.'이다. 인간의 삶은 그 구엇인가를 바라고 원하는 것으로 지탱된다고 할 수 있다. 내일이 오늘보다 못한 날이 될 것이 분명하다면 누구라도 삶의 의욕을 가지지 못할 것이다. 설사 내일이 오늘보다 못한 날이 될지라도 우리는 나아질 것이라는 기대를 가지고 산다. 그 기대가 우리 삶의 원천이기도 한 것이다.

"우리는 무엇을 욕망하는가?" 하는 물음에 사진으로 답하는 이들이 있다. 대구에서 여성 회원으로만 구성된 목련회 사진전이 바로 그것이다. 창립 30주년이나 된 동아리다. 30년 전이라면 1980년대, 그 때까지만 하더라도 여성들이 사진 작품을 한다고 카메라를 들고 다니면 곱게 보이지 않을 때였다. 그 시절에 창립하여 꾸준히 동아리 활동을 해온 저력이 '우리는 무엇을 욕망하는가?' 라는 철학적 주제를 가지고 사진전을 갖게 했으리라 본다.

예술 활동에 남녀의 구별이 있는 것도 아니고 어쩌면 여성이 예술 활동에 더 많이 참여할 수 있는 감성을 가졌겠지만, 우리 사회가 지금까지 아니 아직도 조금은 여성들의 예술 활동에 박수를 많이 아끼고 있는 편이다. 그런 점에서 10명의 회원들이 벌이는 전시회는 매우 중요한 의미를 가진다. 그 의미의 첫째는 여성 회원들만으로 30년을 꾸준히 활동해왔다는 것이고,

둘째는 그 작품에 왕성한 실험의식이 베어있다는 것이다.

철학적 주제로 열리는 전시이지만 사진의 목표가 철학을 추구하는 것은 아니다. 철학적인 주제를 가지고 예술의 본령인 아름다움을 쫓고자 하는 것이다. "우리는 각자가 처한 입장과 내부에 잠재되어있는 자신의 세계를 드러내고 꿈과 현실의 어느 쪽도 양보할 수 없는 심리적 갈등을 이번 전시회를 통해 보여주고 소통하고자 한다."고 밝히고 있다. 다른 말로 표현하면 욕망의 표출이 되지 않을까 싶다.

예술은 분명 도덕도 아니고 철학도 아니다. 어디까지나 아름다움을 추구하는 것이다. 그러나 진정한 예술 작품 속에서는 도덕을 드러내지 않아도 도덕이 스며들고, 철학을 꼭꼭 숨겨도 드러나게 마련이다. 예술 작품을 감상하는 사람들이 도덕을 만들고 철학을 만드는 것이다. 그만큼 예술의 가슴은 넓다. 그래서 괴테는 일찍이 "지극히 행복한 순간에도, 더없이 곤란한 순간에도, 우리는 예술가를 필요로 한다."고 했는지 모른다.

예술은 현실의 세계에 만족하는 것이 아니다. 세상은 아니 인간이란 존재는 언제나 현실에 대한 불만이 있고, 그 불만을 해소하려는 욕망을 갖고 있다. 그래서 꿈꾸는 세계가 있는 것이며, 그 꿈의 세계를 예술의 형식으로 풀어내는 것이다. 그래서 예술의 세계에서는 실험이 중요한 위치를 점한다. 실험은 예술의 생명이고 새로움을 찾아내고자 하는 예술가들의 몸부림이다.

실험을 중시하는 예술인들이 당대 혹은 현실에서는 주목받지 못한다고 해도 그들의 정신이 훗날에 환히 빛나는 예는 예술의 세계에서는 이루 헤아릴 수 없을 정도로 많다. 그래서 실험 작업에 부여하는 의미는 그야말로 아무리 크게 해도 지나치지 않은 것이다. 실험의식이 없는 작품에서 새로움을 찾아보기 힘든 것도 이런 까닭이 된다. 예술인들이 창작하는 모든 작품은 개인에게는 어쩌면 모두 실험 작품일 수도 있다.

시대의 예술가들의 이런 고민은 훗날 미래의 세대들에게는 현실이 된다. 현실에서 비교적 고달픈 삶을 사는 예술인들이 그래도 존경받아야 할 이유가 여기 있는 것이다. 왕성한 실험 작업이 내일에는 분명히 빛 한 줄기 만들어낼 것이라는 희망, 이것이 예술가들의 삶인 것이다. 이 희망이 없다면 예술가들의 삶은 삭막하기 그지없게 된다. 그러나 예술의 역사는 분명히 이 사실을 기억하고 있다. 오늘은 괴로워도 내일은 기쁨이 있을 것이라는 기대, 그것을 우리는 욕망하고 있다. 예술 작품은 그런 모든 인간의 욕망을 담아내는 그릇이 되는 것이다. 5월의 신록 속에서 예술의 위대함과 숭고한 정신을 다시 한 번 되새긴다.

2011. 5. 6.

통하지 않으면 예술이 아니다

　팔공산 예술인 모임에서 동화사 초대로 작품 전시회를 가졌다. 5월 8일 어버이날이 개막일이었다. 개막식에 참석하기 위해 동화사 통일대불전으로 가는 계단을 오르니, 법당에서 정홍규 신부의 강론이 있다는 안내판이 걸려있다. 법당에서 신부님의 강론이라니 놀랍기도 하고 그 발상이 신선하게 느껴지기도 해서 찾지 않을 수 없었다. 신부님께서 강론 중에 "통하지 않으면 진리가 아니다."라고 하셨다. '정말, 그렇다.' 긍정하지 않을 수 없다. 나는 그 말을 듣자마자 "통하지 않으면 예술이 아니다."라고 즉각 패러디 했다. 대구 예총을 맡고, 나는 대구 예총의 슬로건을 '통통예술通統藝術'로 정했다.

예술이 '通하고 統해야 한다.'고 생각했기 때문이다. '通'은 소통을 의미하고, '統'은 화합을 의미한다. 그렇게 하고 보니 '통통'이라는 발음이 경쾌하고 또한 발랄한 움직임이 느껴져서 흐뭇하게 생각하며 '통통'이라는 말을 지나치다 싶을 정도로 많이 쓴다. 건배 구호로도 쓰고, 갖다 붙일만한 곳이면 어디든 '통통'이라고 외친다.

신부님께서 '소통'을 말씀하시면서 '안경'과 '갑옷'이라는 말을 쓰셨다. 그렇다. 소통을 위해서 내 안경을 바꿔야 할 것 같다. 편견의 때가 덕지덕지 묻어있는 안경, 닦아서 쓸 수 없을 정도의 안경이다. 새로 바꿔야 한다. 나에게로만 초점이 맞춰진 안경을 더 이상 쓰고 있어선 안 되겠다는 생각을 하지 않을 수 없게 했다. '갑옷'은 옛날 전쟁터에 나가던 장수들이 화살을 피하기 위해 입던 그 갑옷이 아니다. 나를 보호하기 위해 내가 입고 있는 갑옷은 얼마나 두꺼운가. 누가 내게 조금이라도 해를 끼칠까봐 얼마나 튼튼히 만들고 손질하고 있었던가. 목숨을 노리는 화살이 아니라 작은 먼지 하나라도 앉을까봐 노심초사했다. 생각이 여기 미치니 이를 아는 이 없어도 참으로 많이 부끄러워진다.

소통을 위해서는 안경을 바꾸고 그 무거운 갑옷을 벗지 않으면 안 된다. 지금까지 끼고 있던 그 안경으로, 그 갑옷을 껴입고 앉아 소통을 말할 수 없다. 안경을 벗어던지고 갑옷도 훌훌 벗어 던지리라. 그 다음에 소통을 말해야 하리라. 절간에서 만난 신부님은 참으로 커보였다. 승복을 입은 스님이 신부복을 입은 신부님을 안내하며 나란히 걷는 모습, 참으로 아름다웠다. 그만한 풍경을 어이 쉬 만나랴.

그 모습을 한참 바라보다가 전시장에 음악인들이 북적대고, 공연장에 화가와 시인들이 넘쳐나는 광경을 상상해본다. 내가 하는 예술만 진정한 예술이고, 남이 하는 예술은 치기쯤으로 본다면 그는 예술인이 될 자격이 없다 해야 옳으리라. 인류의 삶이 처음 시작될 때 예술은 종합 예술이었다. 이리 가르고 저리 가른 것이 아니었다. 그래서 전시 분야의 예술인도 공연 예술을 알아야 하고 공연 예술 분야의 사람도 전시분야 예술에 관심을 가져야 한다. 그래야만 통합이 이루어진다.

인류의 삶에 빛이 되어야 할 예술은 소통을 바탕에 두어야 한다. 정말 통하지 않는 것은 예술일 수가 없다. 시대와 시대, 인종과 인종, 세대와 세대를 이어주는 일을 할 수 있는 영역은 아무래도 예술일 것이다. 신앙에 몸을 바친 신부님과 스님, 스님과 신부님이 절간에서 성당에서 서로 만나는 이런 일들이 많아지면 종교와 종교 사이에 쌓인 벽도 허물어질 수밖에 없을 것이다. 예술도 장르를 넘어서 서로 소통하는 길을 열어야 한다.

동화사에서 가까이 사는 예술인들의 작품을 모아 전시회를 갖는 것도 소통을 위한 몸부림이다. 스님과 신부나, 스님과 예술인이 당장 소통하지 않으면 무슨 일이 터지는 그런 관계는 아니다. 그러나 그런 소통은 얼마나 아름다운가. 스님과 신부님, 신부님과 스님이 걸어가는 그 사이에 예술인들이 함께 걷고 있다. 그 길 끝이 참으로 멀었으면 좋겠다.

2011. 5. 20.

대구 미술관에 애정을

"드디어, 드디어, 정말 드디어 대구 미술관이 개관했습니다. 미술관 건립을 시작하신 조해녕 전前시장님, 완공하신 김범일 시장님, 그리고 시민 여러분 감사합니다. 개관 기념전이 '기氣가 차다'란 주제로 열리는 데, 앞으로 대구 미술관이 기가 찬 미술관이 되기를 바라면서 건배 구호로 제가 '대구 미술관' 하면 '기가 차다'로 화답해주시면 좋겠습니다. '대구미술관', '기가 차다'"

5월 26일 미술관 개관 리셉션에서 대구예총회장의 자격으로 한 건배사다. '드디어'라는 부사를 세 번이나 강조한 것은 그만큼 우여곡절이 많았다는 뜻을 강조하기 위해서였다. 대구미술관 건립은 1998년 '대구시립미술관자문위원회'를 구성하는 것으로부터 시작되었다. 이 위원회에서 건립 부지를 선정한 이후, 개관을 기준으로 보면 13년에 걸쳤다. 그 세월이면 미술관 몇 개는 지었을 세월이다.

본격적인 건축 공사는 2007년부터 3년간 이루어졌으며 그 후 1년 2개월의 준비 기간을 거쳐 2011년 5월 26일 개관하게 되었다. 참으로 긴 세월이라고 하지 않을 수 없다. 그래서 '드디어'라는 부사를 강조한 것이다. 그간 참 말도 많았지만 그래도 개관은 됐으니 대구 예술계에 경사가 아닐 수 없다. 적어도 미술관이 없는 광역시라는 불명예를 벗을 수 있다는 것이 얼마나 다행한 일인가?

우여곡절 끝에 개관한 대구미술관이 민간투자방식으로 건립하여 현재 시가 미술관내 전시실 운영권만 갖고 있고, 부속동의 관리 운영권은 민간 사업자가 갖고 있다. 따라서 여러 가지 문제가 생길 가능성이 많고 지금도 해결해야 할 문제들이 많다. 그리고 대중교통 접근성이 문제로 떠오르고, 소장 작품이 적다는 것도 작은 문제가 아니다. 이 외에도 문제를 삼자면 한두 가지가 아닐 것이다. 그러나 이제 대구와 대구 시민은 미술관에 애정을 가지고 바라보아야 한다.

그 이유는 한두 가지가 아니지만 무엇보다도 이제 미술관이 첫걸음을 뗀다는 사실을 염두에 둘 필요가 있다. 처음부터 완벽한 미술관은 있을 수 없기 때문이다. 접근성을 문제 삼지만 지금 와서 그런 불평은 그야말로 불평에 지나지 않을 수 없다. 현실적으로 수용하지 않으면 안 될 문제가 아닌가. 접근성이 좋지 않다고 해서 어디로 옮길 수 있는 상황이 전혀 아니다. 그렇다면 현실적인 문제를 해결하는 방법을 고려하는 것이 현명한 일이라고 본다.

소장품 문제도 마찬가지다. 이제 출발하는데 어떻게 많은 작품을 소장할 수 있는가. 차츰 늘어나게 될 것이다. 개관하면서 수천 점의 소장품을 갖는 미술관은 드물다. 갓 태어난 아기를 두고 걷지 못한다고 나무라는 것과 크게 다르지 않다. 소장품의 숫자를 늘리는 것은 돈만 있으면 비교적 간단한 문제일 수도 있다. 돈에 구애받지 않는다면 소장품 늘리는 것이 크게 어려운 일이 되겠는가? 독일의 쿤스트 할레나, 프랑스의 죄 드 폼 등의 미술관은 소장품이 없는 전시 중심의 미술관으로 알려져 있다.

무지막지하게 이야기 한다면 돈만 있으면 접근성 문제도 소장품도 전혀 문제가 아닐 수도 있다. 아주 큰돈을 들여서 인류에 회자되는 작품을 구입해서 대구미술관에 전시한다면 접근성이 낮다고 미술관을 외면하겠는가. 문제는 돈이다. 그렇기 때문에 불평보다는 애정을 가져야 한다. 더 절실한 이유는 지금의 접근성, 소장품 문제는 불평한다고 해서 해결될 문제가 아니라는 것이다.

따라서 대구 시민들, 특히 미술인들도 대구미술관에 크게 관심을 가져야 한다. 문제가 있다면 앞으로 여러 경로를 통해서 문제점을 보완하고 해결하는 지혜를 모아가야 한다. 그것이 우리가 해야 할 일이다. 더 이상 불평하고 불만을 가질 것이 아니라 이상이 아닌 주어진 현실 속에서 대구미술관을 발전시켜야 한다. 그렇게 해야만 대구미술관이 대구가 예술문화 도시임을 분명히 증명하는 예술 공간이 될 수 있다.

2011. 6. 3.

해이해지지 않는 헤이리

‘헤이리’, 경기도 파주시에 있는 예술 마을이다. ‘헤이리’는 얼른 들으면 외국말이 아닌가 싶기도 하다. 영어의 ‘hey’ 때문이다. 헤이는 ‘어이’, ‘허’, ‘이봐요’ 등 즐거움, 놀라움, 당혹 등 주의를 끌기 위해 내는 소린데 그것이 연상되는 것이다. 따지고 보면 헤이리 마을은 ‘hey’와도 잘 어울리는 단어다. 헤이리에 가보면 알 일이지만 헤이리에 가면 즐겁고 놀랍고 더러는 당혹스러운 풍경들을 만날 수 있기 때문이다.

'헤이리'는 파주 지역에서 전래되는 농요에서 따왔다고 한다. 그 뜻은 추임새의 의미를 가진다고 하니 영어의 'hey'와도 그 뜻이 동떨어진 것은 아니다. 농요가 다 그렇지만 농요 '헤이리소리'도 매김소리가 있고 받음소리가 있다. 매김소리로 "어-헤헹 어-어엉 / 어-허어이 어허야 / 어러-리 소리-는 / 농사꾼의 소리라."고 매기면 "어-에헤- / 에-허이 어 허야 / 어 헤 에-헤이리 / 노-호-오-호야."라고 받았던 것이다.

나는 '헤이리'의 '헤이'를 '마음이나 규율이 풀리어 느즈러진다.'는 의미의 '해이'로 읽고 싶었다. 우리 삶은 늘 긴장으로 연속되는 것이라 더러는 '해이解弛, relaxation' 해져도 나쁘지 않다는 생각에서다. 예술 마을이니까 그런 마을에 가서는 긴장도 하지 말고 걱정도 하지 말고 오로지 즐기고 그 즐김을 통해 이루지 못할 꿈이라도 한번 꿔보는 것이 좋지 않겠느냐는 뜻에서다.

해이리에서 5월 14일부터 6월 12일까지 '제3회 아트로드 77 아트페어 2011' – With Art, With Artist가 열렸다. 이 아트페어에 대구의 젊은 화가 15명이 초대되었다. 그런데 헤이리에 관한 정보가 없으면 아트페어 이름이 왜 이리 복잡한가, '아트로드 77'은 무엇인가? 하는 의문을 갖게 된다. 그러나 알고 보면 '아트로드 77'에는 헤이리 마을 사람들의 삶의 목표라고 할까, 헤이리 마을이 존재해야 할 이유가 담겨 있다.

숫자 77, 서양에서 말하는 러키세븐을 겹쳐 본 것인가 생각할 수 있지만 그것이 아니고 '우리나라 77번 국도'를 가리키는 말이다. 국도 77번, 그 길은 참 기막힌 길이다. 우리의 소원이 담겨 있고 이 시대 최대의 문제인 소통 부재를 해결해야 한다는 강한 의지가 담겨 있다. 77번 국도는 부산광역시 중구에서 황해북도 개성특급시를 연결하는 일반국도다. 2008년에 서울특별시와 경기도 파주시를 잇는 자유로가 이 도로에 포함되어

대한민국의 극북과 극서, 극남을 연결하는 간선도로가 되었다.

그렇다면 '77번 국도'는 우리 민족의 염원인 통일의 꿈을 담고 있고, 파편화된 우리 사회가 소통해야 한다는 이상을 상징하는 것이 아닌가. 헤이리에서 열리는 '아트로드 77'은 그렇게 큰 의미를 담고 있다. 예슬 마을의 이름과 77번 국도가 절묘하게 맞아떨어져 그야말로 예술의 마을임을 드러냈다. 대구예총이 추구하는 '通統예술'고도 맥을 같이한다.

대구예총의 예술소비운동본부 회원 40여 명이 6월 9일 헤이리를 다녀왔다. 헤이리를 가봐야겠다는 생각을 한 것은 크게 두 가지 이유다. 첫째는 예술 마을 헤이리에서 대구시가 배울 것은 없을 것인가, 두 번째는 아트페어에 대구의 젊은 작가 15명이 초대되었기 때문이다. 지역 작가들이 외지에 나가서 전시회를 하는데 대구 사람들이 찾아가서 관람해야 하지 않겠느냐는 뜻에서였다.

　이 두 가지 목적은 충분히 달성되었다. 보는 이에 따라 헤이리에서 희망이든 절망이든 느낌이 있었을 것이고, 전시 작가들은 대구 사람들의 관람을 무척 반겨주었기 때문이다. 또한 초대된 작가 외에도 여러 전시장에서 대구 작가들의 작품이 그룹전 또는 개인전으로 많이 전시되고 있었다. 더욱 놀라운 것은 대구 작가들의 작품이 아주 훌륭했다는 것이다. '헤이리'에 가서는 해이해지고 싶었지만 그럴 수 없었다는 게 아쉬움이라면 아쉬움이었다. 헤이리의 꿈이 참으로 아름다웠기 때문에…….

2011. 6. 17.

가오싱젠과 조너선 프랜즌

가오싱젠(高行健)과 조너선 프랜즌(Jonathan Franzen)은 세계적인 문인이다. 가오싱젠은 2000년에 노벨문학상을 받은 중국 출신 작가로 현재는 프랑스 국적을 갖고 있다. 즈너선 프랜즌은 최근 〈자유〉라는 소설을 펴내 세계적으로 주목 받고 있는 미국 작가다. 가오싱젠이 서울에 와서 강연을 했고, 조너선 프랜즌의 소설이 번역 출판되었다. 이 두 문인들이 강연과 인터뷰들을 통해서 이 시대에 문학의 의미에 대해 언급했다. 가

가오싱젠은 "정신의 빈곤을 채워주는 건 오로지 문학입니다, 문학"이라고 했고, 조너선 프랜즌은 "소음으로 가득 찬 이 세상 문학은 우릴 구할 피난처"라고 했다.

이 작가들이 읽은 시대의 진단도 주목할 만하다. 가오싱젠은 이 시대를 '정신이 빈곤한 시대'라고 했고, 조너선 프랜즌은 '이 세상이 소음으로 가득 찼다.'고 했다. 이 시대가 정신이 빈곤한 시대라는 말은 가오싱젠이 아니라도 이미 나왔고 또 많은 사람들이 그렇게 느끼고 있다. 오로지 자본만이 최고의 가치인양, 몸만이 유일한 가치인양 자본을 모으고 몸을 보호하는데 온 세계가 빠져있다고 해도 절대 과언이 아닐 것이다.

조너선 프랜즌이 '소음으로 가득 찬 이 세상' 이라는 견해에도 그 누구도 아니라고 이론異論을 제기하지 못할 것이다. 정말 얼마나 시끄러운 세상인가. 특히 그가 '창작 원칙 10' 에서 "인터넷 접속이 가능한 작업실에서는 좋은 소설을 쓰기 어렵다."

고 한 것은 우리에게 아주 큰 놀라움을 준다. 인터넷에 접속하지 않으면 살기 어려운 시대라고 믿는 우리에게 참 많은 것을 생각하게 하기 때문이다.

이런 작가들의 발언에 주목하지 않을 수 없는 것은 그들의 삶이 특별하고, 이른바 순수 혹은 본격 예술인의 길을 걷고 있기 때문이다. 가오싱 젠은 이미 알려져 있는 바이지만, 중국이 마오쩌둥을 비판했다는 이유로 반체제 인사로 지목하였고, 결국 그는 프랑스로 망명하였다. 망명 이후 프랑스 정부로부터 예술 문화 훈장을 받았지만 그의 작품은 중국에서 금서로 지정되었다. 그러나 중국 소설과 드라마의 새로운 길을 연 업적을 인정받아 중국어권 작가로는 처음으로 노벨문학상을 수상작가가 되었지만 중국은 그의 수상을 비난했다. 그래서 그는 '중국은 아직도 작가가 자유롭게 자가 작품을 발표할 수 없는 나라라고 생각한다.'고 밝히기도 했다.

조너선 프랜즌은 소설 〈자유〉가 발표되면서 여러 화제를 낳고 있다. 오마바 미국대통령이 정식 출간 전 가제본을 싸들고 휴가를 떠나고, 미국 시사주간지 '타임'은 이 작가를 세계에서 가장 영향력 있는 인물 100인에 선정했다. 그리고 스티븐 킹 이후 소설가로는 10년 만에 '타임'지 표지 모델이 되었다. 그의 이런 화제 외에 주목할 것은 역시 그의 '창작원칙 10'에 있는 "소설은 놀랍거나 미지未知의 것에 관한 작가의 모험이어야 한다. 그렇지 않다면 단순히 돈을 벌기 위해서 쓴 소설이다."라고 한 것이다. 그는 10년 만에 한권씩 쓰며, 베스트셀러의 보증수표라는 오프라 윈프리 북 클럽의 선정도 "오프라의 독자는 내 독자와 다르다."며 선정을 사양하기도 했다. 이번 책은 오프라 윈프리 북 클럽과 화해하고 선정 도서가 되었다.

가오싱젠은 "정치에 참여하지도 않고 시장이 만들어놓은 유행 풍조와 대중적 취향에 굴종하지도 않으면서 문학적 글쓰기를 견지해 나가려면, 작가는 마음속으로부터 토해내지 않고는 배길 수 없는 그 무엇이 있어야 한다.”며 이것이 ‘문학 최초의 지향과 소망’이라고 했다. 조너선 프래즌은 “본격 문학의 위기는 우리 작가들이 위기 상황을 잘 파악하고 지혜롭게 행동한다면 큰 기회”가 될 수 있다고 했다.

그들의 발언이 서늘하다. 문학에만 한한 말도 아니고 모든 예술의 영역에 적용되는 말일 것이다. 나의 예술, 돌아보면 얼마나 비천하고 속물적이었던가. 세상을 바르게 진단하지도 못하면서 무엇인가 지껄이고 있는 지금도 마찬가지지만….

2011. 7. 1.

젊은 연극제

지난 일요일(10일) 제 19회 젊은 연극제가 폐막됐다. 6월 25일 개막하여 장장 16일 동안 대구 전역에서 열렸다. 젊은 연극제는 전국 대학 연극학과 학생들의 연극 축제다. 1회부터 18회까지 서울에서만 열렸는데 처음으로 지방개최를 대구가 맡은 것이다. 주최 측인 한국대학연극학과교수협의회는 우려가 많았다. 주최 측에서는 지방 개최가 일종의 모험이라고 생각했을 수도 있다. 그러나 우려를 말끔히 씻고 연극제는 성공적으로 끝났다.

대구에서 연극제가 열리기 때문에 연극제의 주제도 대구를 커다란 언덕으로 풀고, 또 대학생 연극의 희망을 담아 중의적으로 해석될 수 있는 '젊은 연극제, 커다란 언덕에 서다' 라고 정해 '즐거운 실험, 창조적 발상, 함께하는 축제' 를 지향했다. 국내 대학에서 48개 대학 방글라데시 다카대학이 참여 전체 49개 대학이 참여했다. 대명동 공연문화거리를 중심으로 대구의 소극장에서 젊은 연극인들이 연극에 대한 열정을 뿜어냈다.

대구에서 큰 걱정거리 중의 하나는 대구에 젊은 사람들이 줄고 있다는 사실이다. 대구에 큰 기업들이 없으니 취직할 수가 없고 그래서 젊은이들은 대구를 떠날 수밖에 없는 실정이다. 그런 대구에 전국의 젊은 대학생들이 와서 연극을 하며 젊음의 열기를 내뿜은 것은 대구로서는 여간 반가운 일이 아니었다. 이렇게 예술을 통해 대구에 젊은 사람들이 오게 만든 것은 공연문화도시를 표방하는 대구로서는 의미 있는 일이 아닐 수 없었다.

이번 대회가 성공적이라고 말할 수 있는 것은 연극제를 차질 없이 진행했을 뿐 아니라 젊은 연극제에서 처음 시도한 프린지 페스티벌과, 학교 교류의 장을 마련한 것 등이다. 이것이 신선한 바람을 일으켰다. 내부적으로 젊은 연극제의 주제처럼 창조적 발상으로, 실험을 즐겁게 한 것이다. 그래서 전국의 연극과 학생들이 대구의 시민들과 함께 하고 다른 학교, 다른 나라 연극학과 학생들이 함께 하는 축제를 가질 수 있었던 것이다.

외부적 요인으로 후원처인 대구광역시 남구청의 지원이 아주 아름다웠다. 남구청은 연극제가 열리는 극장 주변에 화분을 갖다 놓아 축제 분위기를 고조시켰고, 관내의 음식점에서 젊은 연극제에 참여한 학생들에게 음식 값을 할인해주는 조치를 취해주기도 했다. 이것도 참 좋은 일이었지만 무엇보다도 남구관

내의 주민자치센터 그리고 본청 내 각 과별로 참가대학과 자매 결연을 맺어 연극을 관람하도록 조치한 것은 참으로 인상적인 일이었으며 행정기관이 예술 공연 활성화를 어떻게 하는가를 잘 보여준 사례가 되었다.

그래서 필자는 젊은 연극제의 자문위원장 자격으로 폐막식 격려사에서 지방자치단체가 이런 정도로 예술 공연에 관심을 가져준다면 전국의 어떤 예술제라도 대구에서 개최할 수 있겠다고 말했다. 대구 남구청이 대구 예술계의 체면을 세워준 일이다. 젊은 연극제 운영위원장을 맡은 대구의 연극인 정철원 위원장의 참 노고가 컸는데 대구에서 젊은 연극제를 개최할 수 있었다는 게 큰 보람이라며 폐막의 소감을 피력하기도 했다.

예술계를 지원하는 것은 돈이 전부가 아니다. 예술인들은 돈을 많이 벌기 위해서 예술 행위를 하는 것이 아니라 예술적 끼를 발산하기 위해 예술행위를 한다. 돈 버는 것을 삶의 목표로 정했다면 예술을 할 것이 아니라 사업을 하거나 장사를 할 것이다. 예술가들은 밥을 굶어가면서도 창작을 하고 거기서 삶의 보람을 찾는다. 따라서 예술인을 지원하는 최대의 지원책은 공연장에 표를 사서 입장하는 것이다. 그 이상 바른 길도 없고 그 이상 좋은 효과를 낼 수 있는 것도 없다. 대구예총이 벌이는 예술소비운동이 바로 이런 것을 목표로 하는 것이다. 그것은 예술계뿐만 아니라 우리 사회의 품격을 높이는 길이기도 하다.

젊은 연극제가 19회나 열리도록 지방에서 열지 않았던 것도 지방에서는 어려울 것이라는 편견 때문일지도 모른다. 주최 측도 지방 개최가 좋은 점이 있다는 것을 깨달았을 것이다. 정치만 지방 분권이 필요한 것이 아니라 예술계는 지방 분권이 더욱 절실하다.

2011. 7. 15.

호러공연예술제

대구의 여름은 덥다. 최근엔 여름의 최고 기온 지역이 대구가 아닌 경우도 더러 있긴 하지만 그래도 대구 여름하면 덥다는 것이 타 지역 사람들의 대체적인 반응이다. 대구의 더운 여름을 테마로 하여 대구 지역에서도 폭염 축제가 기획되기도 했고, 이 더위를 예술적으로 끌어안아 대구의 콘텐츠로 만들기 위한 노력을 예술계에서 구준히 해 왔다. 그 중에서 가장 공을 들이는 것이 호러공연예술제라고 할 수 있다.

2011년 여름에도 제8회 대구호러공연예술제가 29일부터 3일간 국채보상운동기념공원에서 펼쳐진다. 호러Horror는 공포, 전율의 의미를 가진다. 낭만주의적 관점에서는 '초자연적인 힘'이라는 의미가 포함되어 있기도 하다. 공포와 전율을 통해 더위를 잊도록 한다는 것이 주요 컨셉이다. 공포와 전율을 통해 더위를 잊게 하는 것이 어쩌면 초자연적인 힘이 될 수도 있을 것이다.

더위가 가장 심한 기간인 7월말 3일 동안 대구에 서늘한 기운을 펼쳐보겠다는 것인데 그 의욕이 대단하다. 첫날인 29일 영상과 함께 즐기는 50인조 오케스트라 연주를 시작으로 호러댄스 공연, 메인공연인 '인 투 더 호러In to the Horror', 넌버블 퍼포먼스가 펼쳐진다. 이 콘텐츠는 호러예술제 조직위원회가 직접 제작에 나선 것으로 공포를 찾아가는 음악과 신체적 움직임을 통해 관람객에게 전달하는 신체극이다. 엘리베이터에 갇

힌 상황에서 느끼는 공포 등을 대사 없이 표정과 움직임, 그리고 음악으로 전달하는 것이다.

이를 시발로 하여 연극 공연 '흉가에 볕들어라' 호러 음악회, 호러 댄스 페스티벌, 호러 영화 보기, 호러 매직 쑈, 호러 서바이벌 – '나도 호러다' 등 매우 다양하게 펼쳐진다. 무서운 댄스, 무서운 음악이 어떤 것일까 궁금해지기도 한다. 부대 행사로 유령의 집 체험, 흉가로 제작된 포토 존에서 사진 찍기, 귀신분장, 타로카드, 마술, 귀신을 이겨라 등의 코너가 준비되고 있다.

호러를 통해서 보여줄 수 있는 그 모든 것을 보여주겠다는 내용들이다. 마지막 날 개최되는 '나도 호러다'도 주목된다. 호러를 주제로 관객들이 직접 무대에서 경연대회를 펼치는 것이다. 지금까지 참 많은 예술제들이 개최되어 왔지만 관객들이 직접 참여해서 체험하는 경우는 많지 않았다. 각종 축제를 기획하면서 일반인들을 참여시키는 프로그램이 있어야 하고 체험 프로그램이 많은 축제가 대체로 성공한 경우가 많았다는 것을 염두에 둔 기획으로 보인다.

지방자치시대가 되면서 자치단체마다 참 많은 축제들이 이루어지고 있지만 그게 그거라는 평가가 많다. 비슷비슷한 프로그램이 많고 시민들이 직접 참여할 기회가 적다는 것이 개선점으로 떠오르고 있다. 최근엔 시민들에게 예술 향수 기회를 늘이기 위하여 찾아가는 문화 프로그램도 많이 진행되고 있지만 아직까지는 그래도 시민들에게 예술 향수 기회를 충분히 주고 있다고 보기는 어렵다. 따라서 시민들은 여전히 예술 향수에 목마르다.

예술문화의 시대라고 하는 이 시대에 예술문화에 대한 관심이 없는 사람은 없고, 누구라도 예술과 가까이 하고자 하는 욕망은 갖고 있다. 예술에 다가서는 것이 이른바 삶의 질을 높이는 것이니 누군들 거기에서 소외되고 싶겠는가. 이 점을 충분히 이해하고 있지만 예술계에서 바라보면 시민들이 예술문화에 가까이 다가서려는 노력이 조금은 부족하지 않은가 하는 생각을 하지 않을 수 없게 한다.

　공연장이나 전시장에 가는 시간을 거의 만들지 않고 있다. 공연 전시장 하면 관람료를 먼저 떠올리는지 모르지만 요즘은 발품만 팔면 얼마든지 돈 들이지 않고 예술문화를 접할 수 있다. 초대 공연도 많고 전시장은 입장료를 받는 것이 드물다. 그냥 가서 즐기면 되는 것이다. 따라서 시민들이 생각을 좀 바꿔주면 좋겠다는 제안을 한다. 이번 호러공연예술제도 입장료를 받는 프로그램이 하나도 없다. 많은 시민들이 공연을 즐기며 더위를 잊기 바란다.

2011. 7. 29.

대구·상트 페테르부르크 미술 교류전

　2011 대구와 상트 페테르부르크 미술교류전이 8월 2일부터 9일까지 상트 페테르부르크 해군 중앙박물관 전시장에서 열렸다. 대구의 화가들과 러시아 화가들이 1년에 한 번씩 상트 페테르부르크와 대구에서 전시회를 갖는데 2011년은 대구 작가들의 작품을 상트 페테르부르크에서 전시하는 해다. 8월 2일 개막식을 가졌는데 러시아 화가들과 상트 페테르부르크 한인회 회원들이 참석한 가운데 성황리에 개최되었다.

상트 페테르부르크는 널리 알려진 대로 예술의 도시다. 세계 적으로 널리 알려진 예술가들도 상트 페테르부르크와 관계되는 사람이 많다. 푸슈킨, 고골리, 도스토예프스키 문학 작품의 배경이 이곳이며, 글린카, 무소르그스키, 차이코프스키와 쇼스타비치 음악의 무대가 된 곳이기도 하다. 톨스토이의 〈안나 카레니나〉나 파스테르나크의 〈의사 지바고〉 등도 이 도시에서 일어난 일들을 다루고 있다.

우리나라에서는 고종의 특명전권공사 충정공 민영환이 이곳을 방문했고, 월북 작가 상허 이태준도 이곳을 방문하여 '제정 때 서울이며, 붉은 10월의 서울' 이라고 언급했던 곳이다. 우리나라에서 5천여 Km의 거리를 두고 있는 곳이지만 예술의 관점에서 보면 먼 거리로만 치부하기 어렵다. 그곳에서 탄생한 문학 작품을 우리가 읽었고, 그곳의 음악가들의 작품을 수도 없이 들어왔기 때문이다.

　그런 도시에서 대구 화가들의 작품을 전시한다는 것이 여간 뿌듯하지 않았다. 2007년부터 교류를 시작 올해 여섯 번째 교류가 이루어진 것이다. 이 교류전은 국가나 도시적 차원이 아니라 대구 미협과 상트페테르부르크의 마네쉬 미술관의 협약에 의해서 이루어지고 있다. 따라서 그 규모가 크다고 할 수는 없지만 양 도시 예술인들의 열정으로 이루어진다는 측면에서 매우 의미가 큰 전시다.

　마네쉬 미술관은 이 도시에서 세계적으로 유명한 이삭 성당과 도로 하나를 사이에 두고 있다. 훌륭한 건축물로 1, 2층의 대형 전시장을 갖추고 있다. 전시장하면 별로 크지 않을 것이라 생각하지만 마네쉬 전시장은 우리의 전시컨벤션 센터에 버금가는 규모의 큰 전시장이다. 금년은 대구의 세계육상선수권대회로 당초 일정을 변경, 8월 초로 앞당겨 해군중앙박물관 전시장에서 가졌는데 이곳은 마네쉬 전시장 보다 훨씬 더 넓은 곳이었다.

그곳에 대구 작가들의 작품과 러시아 작가들의 작품을 전시해놓고 바라보는 감회는 참으로 컸다. 대구의 작가들이 세계적으로 이름난 예술의 도시에서 이런 전시회를 갖는다는 것이 이렇게 큰 감회를 불러올지 몰랐다. 우리의 문화를 이 도시에 와서 소개한다는 것이 여간 자랑스러운 일이 아니었다. 세계 3대 미술관이라는 에르미타주 미술관을 근거리에 두고 있다는 것도 우리를 고무시키기에 충분했다.

전시회를 주관한 마네쥐의 관장 까. 에스. 꾸지민은 "이 교류전은 정치적 협약이나 군사 동맹보다 더 민족을 가깝게 하며 사람들을 더 끈끈하게 결속시키는 힘, 즉 문화예술을 통해 두 도시간의 엄청남 거리의 벽을 뛰어넘어 서로를 더 친밀하게 되고자 하는, 그리고 서로 배우며 더 잘 알고자 하는 양측의 열망을 보여주는 것"이라고 전시회의 의의를 밝히기도 했는데 교류전의 맥락을 잘 짚어준 말이라 하겠다.

상트 페테르부르크에는 지금까지 한인들이 많이 살지 않았다. 고려인들이 일부 살기는 하지만, 그러나 최근 한국의 기업들이 속속 진출하게 되면서 금년 4월에는 한인회가 조직되었고, 한인회 소속된 사람이 2,000명 정도라고 한다. 타국에 살면서 고국의 화가들이 미술 작품을 전시한다고 하니까 의외로 많은 한인들이 와서 축하해 주었고 반겨주었다. 다음부터는 한인회에서도 적극적인 도움을 줄 수 있도록 하겠다는 한인회 부회장의 약속도 있었다.

한때 공산주의의 중심이었던 곳, 그곳에서 이루어진 교류전은 예술은 어디든 통할 수 있다는 것을 확인시켜 주었다. 따라서 통하기 어려운 곳일수록 예술이 먼저 길을 트고, 그 뒤를 경제가 따라가면 나라 사이의 교류도 확대될 것으로 보인다. 아쉬웠던 점은 작품만 보내고 우리 화가들이 많이 참석할 수 없

었다는 것이다. 작품 교류와 인적 교류가 함께 이루어지면 교
류의 의미가 참으로 커질 텐데 말이다.

2011. 8. 12.

2011대회, 2007년 3월 27일부터
2011년 8월 26일까지

드디어 제13회 세계육상선수권대회의 날이 다가왔다. 오늘밤 전야제를 시작으로 '달리자 함께 내일로' 라는 슬로건 아래 202개국의 1,945명이 참석하여 47개 종목에서 승부를 펼치게 된다. 역대 최다 참가국과 최다 선수단이다. 이 장엄한 대회가 대구에서 열린다는 것이 정말 자랑스럽다. 세계의 모든 도시들이 이런 대회 개최를 원하고 있지만, 개최 도시로 선정되는 것은 하늘의 별따기라 하지 않을 수 없는데 대구가 그 일을 해냈다.

2007년 3월 27일 대구 개최가 확정된 것을 우리는 '몸바사의 기적'이라고 부르는 이유도 거기에 있다. 어렵게 대회를 유치한 대구는 4년이 넘게 정말 열심히 준비해왔다. 이제 우리가 준비한 것을 세계를 향해 펼쳐놓고 평가받을 일만 남았다. 우리나라에 육상 스타가 없는 것이 참 안타까운 일이긴 하지만 그래도 우리는 대회 준비를 위해 최선을 다해왔고, 지성이면 감천이라고 반드시 성공하여 도시 브랜드를 확실히 높이게 될 것이다.

대회 개최 성공을 여러 각도에서 살펴볼 수 있을 것이지만 대회 기간 중 개최 예정인 문화행사도 성공 여부를 가름하는 중요 기준이 될 것이다. 문화 행사가 어느 정도의 품격을 갖출 것인가의 문제는 이미 대구시와 조직위원회가 면밀히 검토하여 콘텐츠를 마련했다. 대회 공식행사로 개, 폐막식 행사가 있고,

IAAF 총회 개막공연, 전야제, 선수촌 행사 등이 있고, 도심문화행사로 삼성과 함께 하는 미디어아트 전, 거리예술축제, 명품국악공연, 무대예술축제 등이 있다.

뿐만 아니라 예술 단체나 구군별 축하 이벤트도 다양하게 벌어진다. 이런 행사들은 개, 폐막식 행사를 제외하고는 모두 경기장 바깥에서 이루어진다. 경기장내에서야 기록이 최고가 될테지만 경기장 바깥에서의 문화 행사에는 관중의 질서 의식이 최고의 가치가 될 것이다. 공연의 경우 공연하는 사람이 공연을 잘하는 것이 기본이지만, 공연은 관객들이 그 공연의 가치를 높이고 완성한다고 보아야 할 것이다.

적극적인 참여, 무대와 관객이 하나 되는 것, 그것이 최고의 공연물이다. 아무리 훌륭한 공연이라도 무대 따로 관객 따로라면 성공할 수 없다. 열정을 쏟는 출연자들에 못지않은 관중의 열정이 뒤따라야 한다. 호응이 부족한 공연장에서 출연자들이 열정을 발산하기는 어렵다. 무대에 서는 사람은 관중의 박수와 환호로 사는 사람들이다. 박수와 환호는 출연자의 에너지가 된다. 관객이 치는 박수와 환호가 공연의 질을 높이는 것이다.

관객이 열정적으로 참여하면 출연자는 자기 능력 이상의 끼를 발휘하게 될 것이며, 그런 것들을 보는 외국인이 대구의 공연 문화를 인상 깊게 생각할 것이다. 공연하는 사람이 중요할 것 같지만 더 중요한 것은 관객이다. 시민들이 문화 행사에 적극적으로 참여하는 것을 보면 외국인들이 대구 시민을 문화예술을 사랑하는 시민으로 볼 것이고, 그들이 그런 사실을 세계에 알리게 될 것이다.

2007년 3월 27일부터 2011년 8월 26일까지 4년 5개월, 우리가 성실히 준비한 모든 것을 아낌없이 보여주어야 한다. 고생, 고생하며 준비한 것을 조금의 실수나 부주위로 잘못되게 하는 일은 없어야 한다. 지금 세계적으로 선풍을 일으키고 있는 K-POP 때문에라도 우리 문화행사에 외국인들이 큰 관심을 가지게 될 것이다. 최고의 문화행사를 지향한 준비는 대구를 문화 도시로 인정하게 하는 데 부족함이 없을 것이다.

세계에 자랑하기 위해 마련한 문화행사가 시민들에게도 큰 기쁨을 주게 될 것이다. 문화의 힘으로 세계육상선수권대회를 더욱 빛나게 하는데 시민의 적극적인 참여가 필요하다. 좋은 문화 행사를 관람하는 것이 대구를 문화도시로 세계에 알릴 수 있는 기회인데 시민들이 외면해서는 곤란한 것이다. 문화 행사 참여로 세계육상대회를 더욱 빛내야 한다. 시민의 참여와 열정만 보태면 문화행사는 틀림없이 성공하게 될 것이다.

2011. 8. 26.

예술과 스포츠

예술과 스포츠는 무엇이 다르고 무엇이 같은가? 이 느닷없는 의문은 지난 주말 끝난 세계육상선수권대회 경기장에 갔을 때마다 떠오르는 생각이었다. 사전에서는 예술을 '특별한 재료, 기교, 양식 따위로 감상의 대상이 되는 아름다움을 표현하려는 인간의 활동 및 그 작품'이라고 풀고 있고, 스포츠는 '운동 경기'로 풀고 있다. 어쩌면 사전에서 풀고 있는 설명의 길이만큼 차이가 있을지도 모르겠다.

‘예술’에 대한 설명은 길고 복잡하다. 뿐만 아니라 그 내용도 간단하지 않다. 설명의 첫 낱말이 ‘특별’로 시작된다. 그러나 ‘스포츠’에 대한 설명은 간단명료하다. 꾸미는 말도 없고 두 개의 단어인 ‘운동 경기’로 풀고 있다. 그래서 사전으로 예술과 스포츠의 차이를 이해하려면 ‘예술’은 얼른 와 닿지 않고 ‘스포츠’는 금방 이해가 된다. 이렇게 이해되는 속도의 차이가 그것일까.

대구스타디움에서 세계 각국의 선수들이 뛰고, 달리고, 던지는 경기를 보면서 그 열정이 아름다웠고, 최선을 다 하는 모습이 슬프도록 아름다웠다. 저렇게 아름다운 것을 왜 예술이라고 하면 안 되는가. 사전이 해석하는 것을 따르면 그 재료나 기교, 양식이 특별하지 않은 인간의 몸을 사용해서 그런가. 예술은 그것이 무엇이든지 인간이 보고 아름다우면 되는 것 아니냐고 반문해 보기도 한다.

하긴 '예술'을 설명하는 사전에도 '아름답고 높은 경지에 이른 숙련된 기술을 비유적으로 이르는 말'이라고 적혀있기도 하다. 그러고 보면 스포츠는 아름다워도 그것이 숙련된 기술이라 직접적으로 예술이라고 말할 수는 없고, 비유적으로만 이를 수 있단 말인가. 그렇다면 스포츠는 아무리 아름다워도, 예술은 아니고 아름다운 기술이 되는 것이다. 그럼 기술은 또 무엇인가? '기술'은 '사물을 잘 다룰 수 있는 방법이나 능력'이라고 설명된다. 스포츠는 사람이 하는 것인데 사람이 사물은 아니지 않은가.

점점 더 복잡해진다. 그렇다면 예술과 스포츠는 모두 인간의 것이라, 예술은 정신의 영역이고, 스포츠는 육체의 영역이라고 하면 그 차이가 인정되는 것인가. 정신없는 육체가 없고 육체 없는 정신이 또 있을 수 있는가. 올림픽의 구호 중 '건전한 육체에 건전한 정신'이라는 표어가 있다. 육체가 먼저인지 정신이 먼저인지는 분명하진 않지만 어쨌든 정신과 육체는 인간을 형성하는 기본적인 것들이다.

그것을 굳이 따져서 무얼 하겠다는 뜻이냐고 물으면 이내 대답할 말이 궁해지기는 한다. 그래도 따져보는 것은, 그렇게 따져보는 것이 재미있어서다. 인간이 정신만으로도 살 수 없고, 또한 육체만으로도 살 수 없다는 아주 기본적인 진리를 확인하는 수준을 넘어서지 못하지만 말이다. 경기장에 갈 때마다 했던 생각이지만 얄팍한 내 앎의 한계를 넘지 못하는 내 사유의 깊이가 원망스러울 뿐이다.

그러나 이런 저런 이론을 떠나 경기장에서 나는 스포츠의 아름다움과 재미를 톡톡히 즐겼다. 뛰고 달리고 던지는 단순한 경기에 무슨 재미가 있겠느냐고 생각했던 내 어리석음을 탓했다. 경기를 통해서 인간의 몸이 가진 아름다움을 다시 발견할 수 있었고, 인간의 기본적인 동작이 그야말로 예술의 경지로 뛰어오르는 것을 보았다. 그러면서 스포츠 선수들이 이른바 기량을 향상시키기 위해서 몸으로 땀 흘리는 것과 예술가들이 작품을 창작하기 위해서 고뇌하는 모습은, 양상은 달라도 그 근본은 같은 것이라는 생각을 정리하게 된다. 그렇다. 그런 점에서 다르지 않다.

현실적으로 스포츠 스타가 위대한 예술가보다 더 대접받는 시대다. 스포츠 스타는 그 명성을 살아있을 때 누리지만 예술가는 사후에 누리는 경우가 더 많다. 스포츠는 사람이 보여주는 것이고 예술은 작품이 보여주는 것이다. 인간이 인간을 감동시키는 것, 몸이 더 강한가, 정신이 강한가. 그 말은 결국 예술과 스포츠 무엇이 다르고 무엇이 같은가? 라는 이 글 첫 줄의 의문을 풀어내지 못한다. 그러나 풀리지 않는 이 생각을 자꾸 생각하는 것, 이것이 예술 행위라고 자위한다.

2011. 9. 2.

예술문화도시는 시민이 만든다

우리 사회 모든 곳에서 소통과 통합이 절실히 요구되는 시점이다. 소통과 통합이 절실히 요구된다는 것은 결국 그만큼 단절되고 분열되어 있다는 것을 말하는 것이다. 예술계에서도 예술과 시민이, 장르와 장르끼리 단절되고 분열되어 있다는 것을 부정하기 힘들다. 대구 예총은 지난해부터 이런 문제를 해결 혹은 완화하기 위해 '通하고 統하는 예술'을 지향하며 '通統예술'이라는 슬로건을 내걸고 있다.

특히 예술과 시민이 소통하게 하기 위하여 '예술소비운동'을 벌이고 있다. 한 달에 한 권 이상의 책 읽기, 한 달에 한 번 이상 공연장 가기, 한 달에 한 번 이상 전시장 찾기 라는 세 가지 행동강령을 정하고, 책을 추천하고 전시와 공연을 추천하며 단체관람을 하기도 한다. 이런 운동을 추진하기 위하여 '예술소비운동본부' 라는 기구를 만들었는데, 이는 우리나라를 근대화시킨 새마을운동본부를 연상시키고 전국적으로 확산시키자는 의도를 갖고 있다.

이런 일들을 추진하면서 느끼는 점 첫째는 예술과 시민 사이에 존재하는 거리감이었다. 이를테면 예술은 보통 사람들이 하는 게 아니라는 것, 그래서 특별한 사람들만 하는 것, 나아가 공연장이나 전시장에 가서 어떻게 행동해야 하는지에 대한 두려움 같은 것을 갖고 있는 것이 파악되었다. 이런 문제를 어떻게 해결해야 할 것인가를 고민하다가 이른바 '예술소비방법론’이라고 할 수 있는 책을 발간해야겠다는 생각을 하게 됐다.

몇 달을 두고 고민을 하다가 ‘공연, 전시 에티켓 북’을 만들 자는 결론에 이르렀다. 이 작업을 시작하기 전 어디서든 이런 책은 분명히 나와 있을 것이라고 생각, 찾아보았지만 끝내 찾 아내지 못했다. 공연 에티켓에 대한 책은 전에 어딘가에서 나 온 적이 있다고 하는 말은 들었지만 그마저도 구하지 못했다. 그렇다면 대구 예총이 이런 책을 만들면 이 분야에서 처음으로 만드는 책이라는 사실이 흥분하게 만들었다.

몇몇 사람들과 의논하여 이 책을 집필하기 시작했다. 다행히 이런 운동을 적극적으로 후원해주는 기업이 있어 기분 좋게 일 할 수 있었다. 에티켓 북의 제목을 ‘통하자 예술아’로 정해 예 총의 슬로건과 예술소비운동의 취지를 포함시키려 했다. 그리 고 무엇보다도 책을 쉽고 재미있게, 공연장이나 전시장에 가서 어떻게 해야 하는지 몰라 당황하는 일이 없도록 만든다는 원칙을 정하고 그 원칙을 지키려 애썼다.

책을 발간 지난 주말 대구예술제 메인공연에 참가한 시민들에게 무료로 배부하기 시작했다. 이 책을 읽기만 하면 공연, 전시장에 가서 당황하지 않아도 되고 작품의 의미를 깊이 새겨볼 수 있게 되기를 기대하면서 말이다. 다행히 책을 받은 사람들이 우리가 의도하는 더로 재미있고 유익하다는 평을 해주어서 매우 보람을 느끼고 있다. 언론 보도를 보고 여러 기관에서 책을 보내달라는 요청도 받고 있다.

예술문화도시는 예술인이 많은 도시가 아니다. 예술을 즐기는 사람들이 많아야 진정한 예술문화도시가 된다. 그리고 공연예술의 경우 무대 위의 배우나 연기자들과 어느 정도 호흡이 되느냐 하는 것이 중요하고, 그 호흡이 무대 예술을 완성한다고 보아야 할 것이다. 그건 분명한 일이다. 청중의 반응이 냉담하면 연기자가 연기에 몰두하기 어려울 것이고 그러다 보면 자연히 감동이 줄어드는 것이다.

그렇게 되면 관중은 객석을 떠나게 되고 다시 공연장에 가고 싶은 생각이 줄게 될 것이다. 따라서 좋은 공연, 훌륭한 공연은 무대 위에서 완성되는 것이 아니라 무대 위의 연기자와 객석의 관람객이 하나가 될 수 있을 때 가능해지는 것이다. 그렇게 만드는 일에도 《통하자 예술아》라는 책이 상당히 기여하게 될 것이라고 본다. 예술문화도시 대구는 말로 이루어지는 것이 아니다. 예술가들은 말할 것도 없고, 시정부나 시민들도 크게 관심을 가져야 가능한 일이다. 세계육상선수권 대회를 성공적으로 이끈 대구 시민의식을 보면 예술문화도시의 꿈도 꾸지 못할 꿈이 아니라는 것을 확인했다. 그래서 '통하자 예술아'라고 외쳐 보는 것이다.

2011. 9. 23.

열정, 그 아름다운 힘

10월 5일, 대구문화예술회관 비슬홀에서 극단 '대구무대' 의 故 박상근 선생 10주기 추모 공연 〈쥐덫〉을 보고 나와 바로 컴퓨터 앞에 앉았다. 연극 〈쥐덫〉은 1952년 첫 공연 이후 세계 최장기 연속 공연 기록, 추리 소설의 여왕 애거서 크리스티 원작이다. 살인적인 폭설이 퍼붓고 있는 영국의 스코틀랜드 지방 뭉크스 웰 저택, 라디오에선 칼러 스트리트의 살인 사건을 방송하고 폭설 정보를 알린다. 가일즈와 몰리 부부는 숙모에게

물려받은 저택을 개조하여 여인숙을 개업하기 위해 부산한 가운데 투숙객이 모여든다.

그 때 베어크셔 경찰국으로부터 수사관을 파견하겠다는 전화가 오고 폭설 속에 형사가 찾아와 범인은 바로 이 여인숙으로 왔다는 애기를 하며 범인을 찾기 위해서 수사를 펼친다. 투숙객 모두 비밀을 가지고 있는 사람들이라 긴장되어있고 혼란스러운 가운데 또 살인 사건이 벌어지고, 결국은 범인을 찾아내는 줄거리다. 지방에서 좀체 시도되지 않았던 전통추리극의 기획이라는 의미가 크다.

연극이 시작되기 전, 대구연극협회 박현순 회장이 무대에 나와 이 공연의 기획의도를 설명하고, 박상근 선생과 함께 연극을 했던, 지금은 탤런트로 더 많이 알려진 이대로 선생을 소개, 이대로 선생이 박상근 선생의 연극 활동에 대한 간략한 말씀이 있었다. 그리고 연극이 시작됐는데 대구 연극계의 중견 내지

원로 배우들이 열연을 했다. 연극도 전통 추리극이라 관객을 끌고 가는 힘을 유감없이 보여주었다.

그러나 나는 이 공연에서 공연보다 더 아름다운 몇 가지를 읽었다. 그 첫째는 평소에도 연극인들이 선배나 스승을 모시는 일이 지극하다 싶었는데, 연극인들이 박상근 선생 10주기 추모 공연을 기획하고 무대에 올리는 선배 기림을 보았다. 이런 후배들이 있다는 것 자체가 대구 연극계의 자랑이 아닌가. 둘째는 박상근 선생의 추모 공연에 서울에서 이른바 잘나가는 배우가 참석하여 고인을 추모하는 우정을 보았다. 셋째, 추모 공연이지만 좀체 기획하지 않는 전통 추리극을 기획하여 새로운 장르의 공연을 기대하고 있는 관객들의 기대를 충족시키려는 관객 살핌을 보았다. 마지막으로 선생의 따님인 박세희 씨가 극단 대구무대 대표를 맡아 대를 이어 극단을 운영하는 효(孝)를 보았다.

　도대체 박상근 선생은 어떻게 사셨기에 이런 일들이 가능했을까 궁금하지 않을 수 없다. 추모공연 추진위원장을 맡았던 김삼일 교수는 "박상근 선생은 연극행정가, 대구 경북 연극협회장과 연출가, 배우 활동 40년을 통해 오로지 연극에 전 생애를 바친 대구 경북의 큰 인물로 후학들은 그의 연극 정신을 이어받고 있다."고 인사말에 썼다.

　이런 설명이 다소 추상적이라면 연극협회장이 쓴 인사말은 아주 구체적이다. "80년대 후반 쯤 나는 난생 처음 가계수표를 구경할 수 있었다. 선생의 안주머니에는 항상 가계수표가 있었고, 어깨너머로 귀한 가계 수표를 훔쳐보곤 했다. 저건 언제 어떤 용도로 쓰실까? 그 궁금증을 푸는 데는 그리 오랜 시간이 필요치 않았다. 내가 제작한 〈쥐덫〉의 공연이 끝난 날, 뒤풀이가 끝나고 따로 조용히 어디론가 나를 끌고 가셨다. 그곳에서 공연의 적자 분을 용감히(?) 가계수표에 사인하시고는 '고맙다.'는 한마디와 수표를 주시고는 앞으로도 제작비에 상당하는 수표를 주시겠다고 호탕하게 말씀하셨다. -중략- 내가 걱정의 눈빛이라도 보일라치면 "걱정마라, 우리 마누라도 벌고, 그래도 나는 집도 있다. 아이가 -" 여지없이 거친 포항 사나이의 억양으로 호탕하게 말씀하셨다."고 했다.

더 이상의 설명이 필요하지 않을 것 같다. 연극에 바친 열정이 선생이 떠난 지 10년이 넘어도 식지 않은 것이다. 그런 열정이 그를 기리는 친구와 후배를 있게 했고, 연극에 몸 바치는 따님이 있게 한 것이다. 연극, 그 자체보다 공연의 목적과 기획 의도가 더 아름다웠던 연극으로 오래 기억될 것이다. 열정의 그 아름다운 힘을 깨달으면서,

2011. 10. 7.

생각을 바꾸게 하는 공연과 전시

지난 10월 셋째 주 토요일은 문화의 날이었다. 문화의 날이 들어있어서도 그렇지만 10월은 전국에서 많은 축제가 벌어져 그야말로 축제의 달이다. 대구에서도 대구의 대표축제라고 일컬어지는 국제오페라축제가 계속됐고, 2011 세계육상선수권 대회 성공 기념 음악회를 비롯한 아시아송페스티벌 등 대형 공연이 이어져 10월을 축제의 달이라는 말을 실감케 했다.

전시로서는 대구미술협회가 주최한 2011 대구아트페스티벌이 펼쳐졌다. 페스티벌은 지난달 5일부터 15일까지 대구문화예술회관 전시실에서 개최되었다. '본 전시 1. 2부', 대구 미술의 오늘, 지금 여기를 보다', '2011 현대미술 영상·설치전', 미술체험행사, 대구학생미술실기대회 등을 연 것이다. 본 전시에 참여하는 작가가 250여 명, 출품 작품이 2,300여 점이다. 지역의 작가들이 대거 참여한 보기 드문 전시다. 미술 단체가 주관하기로는 처음이다.

작가들에겐 전시할 수 있는 기회를 만들어주기도 하고, 또 서로 교류할 수 있게 하는 기회를 제공하였으며, 시민들에겐 대구 작가들의 작품을 감상할 수 있는 기회를 제공해주는 의미 있는 기획이었다. 기획 의도의 참신성으로 많은 시민들이 전시장을 다녀갔고 부스전을 통해 팔린 작품 수도 상당했다. 주최한 미협은 앞으로 대구의 궤표적인 가을 미술 축제로 발전시키겠다는 의욕을 보이고 있다.

공연으로는 10월 13일 동구문화체육회관에서 가진 서울시무용단 창작 무용극 '백조의 호수' 공연이다. 〈백조의 호수〉는 〈호두까기 인형〉, 〈잠자는 숲 속의 미녀〉와 함께 차이코프스키의 3대 발레로 세계적으로 알려진 작품이다. 이 작품을 발레가 아닌 한국 무용으로 창작 하여 무대에 올린 것이다. 한국 전통춤의 대가 임이조 단장이 안무한 이 작품은 2010년 국내 최초로 한국무용화에 성공하여 한국무용계에 한 획을 그은 작품으로 평가받고 있다.

서울시 무용단 〈백조의 호수〉는 총 5장으로 원작에서는 등장하지 않는 몇몇 장면들을 삽입, 원작과의 차이를 두어 무대작품으로서의 완성도, 무용수들의 기교, 무대장치, 한국 전통 춤사위 등 무용에 대해 잘 알지 못하는 일반인들도 이해하기 쉽도록 했다. 특히 샤머니즘을 나타낸 집단 춤사위와 흑조의 비중이 높아지고, 음악적 변화에 따라 한국인의 정서가 깃들어진

깊은 호흡에서 나오는 정중동과 절제미가 가미된 한국 무용 특유의 곡선을 강조했다.

이 공연을 대구에서 무료로 볼 수 있었다는 것은 대구 시민들에게 큰 선물이 되었다고 본다. 이 날 많은 시민들이 관람을 하고 감격해 하는 모습은 참으로 인상적이었다. 특히 〈벽조의 호수〉를 한국무용화 시키겠다는 발상에 큰 박수를 보내지 않을 수 없다. 따라서 세계 무용계도 관심을 보였는데 상하이 국제 아트페스티벌 메인 공연으로 초청되었다는 사실이 그를 증명하고도 남는다.

이런 일들을 경험하면서 예술인들은 시민들이 예술에 무관심하다고 섭섭해 할 것이 아니라는 사실을 절실히 깨달았다. 좋은 전시와 공연에는 사람들이 모인다는 사실을 확인했기 때문이다. 숱한 전시와 공연이 있지만 감동이 있는 작품은 그리 많지 않다는 것을 뼈아프게 생각해야 하지 않을까 싶은 것이다.

그렇다면 어떤 공연과 전시가 좋은 공연인가? 나름대로 생각해 보면 위대한 발상의 전환이 있는 작품이다.

'2011 대구아트페스티발'과 〈백조의 호수〉공연은 바로 발상의 전환을 이룬 작품들이었다. 그리고 순수 예술을 지키려는 자존심이 있었기 때문이다. 예술이 어디로 가야 하는지를? 시민들을 어떻게 예술의 현장에 초대할 것인지에 대한 진지한 탐구가 이룬 결과라고 보지 않을 수 없다. 그렇다. 예술의 생명은 창조다. 관례에서 벗어나 로버트 프로스트의 시에서처럼 '가지 않는 길'을 택하는 것이다. 가지 않는 길을 가는 용기가 예술을 발전시킬 수 있는 바탕이란 것을 보여준 것이었다.

2011. 11. 4.

예술가의 자존심

예술가, 보통 사람들은 예술가들을 매우 고상하게 생각한다. 예술가의 삶이 늘 새로움을 추구하고 자기 세계를 개척해가는 사람들이라 그렇게 보이는 것은 당연할지도 모른다. 그러나 예술가의 삶은 보이는 것처럼 그렇게 녹록하지 않다. 버나드 쑈 같은 사람은 "참된 예술가는 아내를 굶기고, 아이들을 맨발로 하고, 70세나 되는 어머니에게 생활의 조력을 시켜도 자기의 예술 이외의 일은 아무 것도 하지 않는 것이다."라고 그의 〈인간과 초인〉에서 썼는데, 이 말이 예술가를 찬양하는 것인지, 비난하는 것인지 판단하기가 쉽지 않다.

그러나 분명한 것은 예술가도 기본적으로 의식주를 해결할 수 있는 경제력이 있어야 하는데 그것을 해결하기가 그리 쉽지 않다는 것이다. 예술가들의 고민은 여기에 있다. 예술 활동이 경제 활동으로 직결되지 않기 때문이다. 예술가들은 모두 먹고 사는 일에 신경 쓰지 않고 창작 활동만 하며 살 수 있게 되기를 간절히 원한다. 그러나 그런 일은 불가능한 일은 아닐지라도 참으로 어려운 일이다. 어쩌면 영원한 꿈에 지나지 않을 수도 있다.

예술 활동을 통해 생활하는 것은 물론 심지어 부자가 되는 사람도 없지는 않다. 그러나 예술 활동을 통하여 생활에 구애받지 않고 창작 활동에 전념할 수 있는 사람은 그야말로 극소수다. 그런 경우가 있기 때문에 모든 것을 팽개치고 창작에 매달려 보는 사람도 많지만 그것은 그야말로 하늘의 별따기가 아닐 수 없다. 자기 나름대로 최선을 다해 시를 쓰고, 그림을 그리며 연주 실력을 향상시켜도 책은 팔리지 않고, 전시장에나 공연장에는 사람이 모이지 않는다.

문인이 책을 출판해도 책을 읽지 않는 사람이 많고, 공연장에는 입장료를 받지 않아도 썰렁하다. 전시장도 사람들이 많이 모여들지는 않는다. 그 원인이 어디 있겠는가? 예술은 먹고 살 만한 사람들이나 하는 것이라는 인식이 팽배하고, 그래서 가까이 하기 힘들다고 생각하는 사람들이 많아서 그런 것 아닐까 생각해본다. 아니면 '볼만한 게 없어서'라고 말하기도 한다. 이런 인식들에 예술인들은 정말 자존심이 상한다. 예술가도 사람이고 그 볼만하다는 기준이 참으로 애매하기 때문이다.

예술은 먹고 살만한 사람들만 하는 것이 절대 아니다. 예술가들의 삶을 평균으로 친다면 경제적 측면에서는 중산층 이하가

대다수다. 예술가는 특별한 사람이 아니라 우리의 이웃들이다. 다만 그들이 돈벌이하는 데 신경 쓰지 않고 새로운 작품 활동에 고민하는 사람들이라 조금 다르게 보일 뿐이다. 예술가들의 이런 삶은 지금의 시점에서 보면 소모적으로 보일 수 있지만 그것은 인류의 미래에 큰 영향을 미칠 수 있는 일들이다.

그렇기 때문에 자본주의 사회에서 경제력을 갖추지 않아도 예술가들은 이 사회에서 존경받아야 한다. 오늘을 힘들게 살아도 내일을 비추는 빛을 만드는 사람들이기 때문이다. 온갖 부정과 비리를 저지르며 세속적인 출세를 한다고 해도 언젠가 물러날 때가 있을 것이고 그 때 가면 적지 않은 양심의 가책을 받을 사람도 적지 않을 것이다. 예술가들은 그들의 예술적 경력이 쌓이면 분명 새로운 평가를 받게 된다는 점이 그들과 다르다.

또 하나 창작 활동을 보는 사람의 입맛에 맞추어야 한다면 예술은 순수성을 잃어갈 수밖에 없다. 예술의 길은 가보지 않은 길을 가게 하는 것이고, 뿐만 아니라 미래를 비춰볼 수 있는 꿈을 심어야 한다. 대중의 눈높이에만 맞추면 예술은 타락할 수밖에 없다. 최근엔 예술과 산업의 경계가 무너지기 시작했고, 무엇이 예술이고 무엇이 산업인가를 분간하기도 그리 쉽지 않은 상황이다. 그래서 순수 예술, 상업 예술로 나누어 말하기도 한다.

순수 예술 쪽에서는 예술가의 자존심이 있지, 어찌 대중에게 끌려가기만 해서 될 것인가 하고 울분을 토하고, 대중 예술 쪽에서는 시쳇말로 돈만 벌 수 있으면 되지, 순수, 순수 외치기만 하고 있으면 누가 밥 먹여 주나, 하는 식이다. 그 어느 쪽도 아니라고 몰아붙이기는 어려운 일이다. 그러나 예술가는 특별한 사람이 아니라 돈이 최고인 세상에서 돈보다 더 중요한 게 있다고 생각하는 사람들이다. 그래서 자존심이 강하다. 그 자존

심은 예술인이 아무리 돈이 좋다고 해도 끝내 놓지 말아야 할
끈이다.

2011. 11. 18.

문화 송년회

한 해의 마지막 달 12월에 들어섰다. 또 한 해가 이렇게 가버
린다고 생각하니 울적해지기도 한다. 가는 세월을 아쉬워하면
서 한 해를 함께 산 사람들과 송년의 아쉬움을 달래는 건 꽤 근
사한 일이다. 그래서 연말이 되면 누구나 여러 차례의 송년회
를 가지게 된다. 그러나 으리 송년회 문화는 참 긴 세월 동안
술이 그 중심이 되어 있었다는 것은 여간 아쉬운 일이 아닐 수
없다. 술도 먹어야 할 일이긴 하지만 송년회가 주연酒宴만으로

이루어지는 것은 아무리 생각해도 그리 바람직한 일이 될 것 같지는 않다.

술을 많이 마시는 송년회 분위기에 대해서 많은 직장인들이 부정적인 생각을 가지고 있다는 조사 결과가 나왔다. 지난 달 말 취업포털 잡 코리아가 직장인 1천35명을 대상으로 설문한 결과 응답자의 69.9%가 술을 많이 마시는 송년회는 바뀌어야 한다는 의견을 내놓은 것이다. 기존 방식이 바람직하지 않지만 어쩔 수 없다고 답한 사람도 21.5%가 되고, 술을 마시는 송년회가 좋다고 하는 의견도 8.6%나 있긴 했다.

술만 마시는 송년회가 좋지 않다는 69.9%는 결국 10명 중 7명이 술 많이 마시는 송년회가 싫다는 것인데 그러면 자연스럽게 바뀌지 않을까 싶기도 하고 또 실제 많이 바뀌고 있기도 하다. 바꾼다면 어떤 송년회가 바람직할까? 라는 질문에 복수 응답을 받은 결과 공연 관람 등 문화 송년회라고 답한 사람이

58.9% 나 되었다. 그 외에도 직원들의 노고를 격려하는 시상식 송년회가 40.0%, 봉사 활동을 통한 나눔 송년회 30.8%, 새로운 것을 함께 배워보는 송년회 18.2% 의 응답이 나왔다고 한다.

송년회 방식에 바람직한 생각들이 많다. 특히 문화 송년회라고 답한 경우가 많은데 참으로 바람직한 방향이라고 하지 않을 수 없다. 문화 송년회는 내가 즐기면서 남을 돕고 사회 발전을 이끄는 일을 하게 하는 것이다. 일거양득一擧兩得이 아니라 '일거삼사득' 이 되는 것이다. 공연을 보면 즐거움을 얻을 수도 있고 생각할 거리도 찾게 되기 때문이다. 그리고 일상을 벗어나 새로운 꿈을 꾸게 되기도 한다. 결국 내가 즐기고 또 다른 무엇인가를 얻게도 되지만 일반인들이 예술 공연에 참가한다는 것은 예술인들이 더욱 열심히 예술 활동에 전념하게 하는 힘을 준다.

남을 돕는다는 뜻은 예술 작품을 감상하는 시민들이 많아지
면 그것이 바로 예술인을 돕는 것이 된다는 뜻이다. 공연이든
전시든 예술인은 작품 발표를 통해 자기 예술 세계를 알리면서
경제적 자립을 해야 한다. 예술 활동을 계속할 수 있는 힘은 관
객이 주는 것이다. 한두 사람이 예술인을 후원하기는 어려운
일이지만 많은 사람이 공연장이나 전시장을 찾으면 그것이 바
로 예술인을 돕는 가장 건전하고 바른 길이 되는 것이다.

공연장이나 전시장을 찾는 일이 사회 발전을 이끈다는 것은,
예술 공연을 많이 관람한다는 것은 삶의 질을 높이는 것이고,
개인의 삶의 질이 높아지면 그만큼 우리 사회가 밝아지게 된다
는 뜻이다. 공연장이나 전시장을 자주 찾는 일이 참으로 여러
면에서 좋은 점이 많다. 살맛나는 세상은 즐거움이 많은 세상
이고, 자기가 하는 일에서 보람을 찾을 수 있는 세상이다. 문화
송년회는 공연이나 전시를 보아서 즐겁고, 남을 도우고 사회

발전을 이끄는 보람이 있다. 그리고 새로운 꿈을 꾸게 하기도 한다. 문화 송년회가 작은 일 같지만 예술계에는 참으로 엄청난 영향력을 발휘하게 한다.

따라서 많은 직장인들이 좋은 송년회 방식으로 들고 있는 문화 송년회가 올 12월에 많이 이루어졌으면 좋겠다. 나눔 송년회나 새로운 것을 배우는 송년회도 바람직한 것인데 공연장이나 전시장을 찾는 송년회가 나누는 것이고, 새로운 것을 함께 배우는 송년회가 되는 것이다. 예술은 원래 나누는 것이고, 언제나 새로움을 추구하는 것이다. 오늘은 환상 같은 것이 미래에는 현실이 되는 것이며, 오늘 예술을 소비하는 것은, 소비가 아니라 기쁜 내일을 위한 투자가 되는 것이다.

2011. 12. 2.

예술의 섬 ―나오시마

지난 주 나오시마엘 다녀왔다. 대구시에서 이우환 미술관을
짓겠다는 이야기가 처음 나올 때부터 가보고 싶었던 곳이다.
그전엔 나오시마에 관한 정보도 지식도 없었지만 차츰 관심을
가져 그곳이 '예술의 섬'으로 불린다는 것도 알았다. 얼마나
많은 아니 얼마나 훌륭한 작품이 있길래, '예술의 섬'이라는
이름을 얻었을까 하는 궁금증이 아주 컸다. 그러니 '이우환 미
술관'만 있는 곳이 아니라 그 섬 전체가 예술작품들로 가득 차

있다는 뜻이리.

나오시마의 미야노우라 항구에 도착하자마자 눈에 뜨인 것은 쿠사마 야요이 '붉은 호박(Red Pumpkin)'이었다. 야요이는 일본의 조각가 겸 설치미술가다. 그러면서 20여 권의 시집 및 소설을 출간하기도 한 예술가다. 뉴욕에서 활동하다 1977년 일본으로 돌아와 48세부터 정신병원에 입원한 상태로 병원에 구사마 스튜디오를 만들어 활동하고 있다. 1993년 베니스 비엔날레 본관에 초대 일본 대표로 참여했고, 프랑스 예술 문화 훈장을 받기도 했다.

항구에 있는 붉은 호박보다 먼저 만들어진 '노란 호박'이 나오시마의 아이콘이며 섬의 상징이기도 하다. 붉은 호박이 항구에 만들어진 것은 그런 상징성을 부각시키기 위한 전략이 되기도 한다. 그 붉은 호박 곁에서 사진을 찍기도 하고 호박 안에 들어가 호박에 난 구덩으로 머리를 내밀어보기도 했다. 그리

별나 보이지 않는 작품, 그러나 그 호박엔 야요이의 삶이 담겨져 있다.

제일 먼저 찾아간 곳이 지중미술관, 나오시마의 서쪽 해안을 내려다 볼 수 있는 언덕에 있었다. 안도 다다오가 디자인한 박물관 자체가 하나의 작품이라고 할 수 있는 곳이다. 대부분의 작품은 지하에 있고, 작품의 조명으로는 오직 자연광만을 이용하고 있는 것이 참으로 놀라운 일이 아닐 수 없었다. 작품은 모네의 수련시리즈, 제임스 터렐의 하늘 공간을 표현한 작품이 몇 가지 이어지고, 박물관의 가장 깊숙한 곳에는 월터 드 마리아의 작품이 전시되어 있었다.

모네의 작품 전시장에 들어가기 위해서는 신발을 벗고 준비해 둔 슬리퍼를 신고 들어가야 하고 많은 사람이 일시에 들어갈 수 있도록 한 것이 아니라 5명 내외로 들여보냈다. 그 엄숙한 분위기가 작품의 가치를 더 높이고 있다는 생각이 들었다.

특히 안도 다다오 건축의 특징인 노출 콘크리트 벽의 긴 회랑을 돌아 돌아 들어가야 하니까 그 신비감이 커진 것이다. 작품이 그 진가를 제대로 들어내는 데는 전시장 운영 방법도 큰 몫을 한다는 것을 깨우쳐주었다.

시간에 쫓기며 찾아간 곳이 이우환 미술관, 주변의 자연과 조화를 이루며 전시 공간과 전시 작품이 또 하나의 작품이라는 느낌을 주는 곳, 자연 속에 있는 듯 없는 듯하다는 표현이 정확할 것 같다는 생각을 했다. 바위, 콘크리트, 거대한 철판 등을 소재로 만들어졌고 이우환의 젊은 시절 그린 그림들도 전시되어 있다. 많은 작품이 걸려있지 않아 아쉽지만 그것이 바로 욕심이라는 생각을 이내 할 수 있게 했다.

다음 찾아간 곳이 베네세 하우스, 나오시마의 남쪽에 있는 것으로 모던 예술작품을 주로 다르고 있는 박물관과 리조트 호텔이 함께 있는 복합형 건물이다. 베네세 회사에서 제작한 섬에

있는 여러 가지 예술 시설 중에서 이 복합형 건물이 주요 작품
이라고 할 수 있다. 박물관, 달걀모양, 공원, 해변의 네 가지로
안도 다다오에 의해서 디자인 되었다고 한다. 각 건물은 독특한
작품을 전시하고 있으며 관광객이 머무는 객실이 함께 있다.

　나오시마의 전체를 제대로 알기에는 너무나 부족한 시간이라
세 곳을 돌아 나오는 발길은 아쉬움을 남기지 않을 수 없었다.
이 시대가 분명 문화 예술의 시대가 되고 있다는 것을 나오시
마를 예술의 섬으로 만든 베네세라는 회사가 증명하고 있었다.
문화 예술이 어떻게 산업이 될 수 있는지를 확연히 보여주고
있었다. 예술이 세상을 위해 무엇을 하는지도 분명히 보여주는
듯 했다. 돌아 나오는 뱃길에서 출렁이는 파도만 물끄러미 바
라보았다. 그 파도 소리는 내게 무언가 말을 건네고 있었는데
나는 도대체 알아들을 수 없었다.

2011. 12. 16.

예술의 임무

예술계에 몸담고 있으면서도 예술이 세상을 위해서 무엇을 해야 하는가에 대해 분명한 대답을 갖고 있지 않다는 것은 매우 부끄러운 일이 아닐 수 없다. 그렇지만 솔직히 나는 예술의 임무가 '이것이다.' 하고 분명하게 짚어내지 못하고 있다. 예술이 해야 할 일이 너무 많아서 그렇지, 아주 모르는 것은 아니라고 변명하고 싶은 생각이 전혀 없는 것은 아니지만, 누가 내게 다그쳐 물으면 분명히 당황하지 않을 수 없을 것 같다.

　예술이 아름다움을 창조하고 표현하는 것이라는 고전적인 정의 앞에서 예술가는 다른 것에 일체 신경 쓰지 않고 오로지 작품 창작에만 매달리면 되는 것이라고 생각하고 있었음도 부인하기 어렵다. 예술가의 작품이 예술 밖의 사람들을 즐겁게 하고, 생각하게 하고, 아름다움을 맛보게 한다면 그것이 전부일 수도 있다는 것이 틀리지는 않으니까 말이다. 그러나 그것이 분명 틀린 것은 아니지만, 어딘가는 부족한 구석이 있다는 생각을 떨쳐버리기 어려운 이유는 어디에 있는지 찾기 어렵다.

　예술이 해내는 일은 그 효과가 빠르게 가시적인 일로 나타나지 않는다. 그래서 언제나 예술이 큰일을 해낸다는 것에 많은 사람들이 쉽게 동의하지 않는다. 그러나 분명한 것은 예술가의 상상력이 세상을 변화시키고 발전시킨다는 사실은 여러 가지로 증명할 수 있다. 최근 작고한 스티브잡스가 과학기술과 인문학의 접합에 굉장한 관심을 쏟았고 예술적 상상력으로 새로운 세상을 열어놓았다는 사실을 아무도 부정하지 못할 것이다.

그리고 앞으로의 세상에서 로봇이 매우 중요한 역할을 하게 될 것이라는 점을 부인할 수 없는데 '로봇'이라는 말을 처음 사용한 사람도 과학자가 아니라 문인이었다. 체코슬로바키아의 카렐 차페크가 1920년 희곡 〈Rossum's Universal Robots〉에서 처음 썼다. 그것이 지금으로부터 90여 년 전이다. 그 때는 상상에 불과했던 것이 지금, 그리고 미래는 인류가 로봇에 크게 의존하는 삶을 살지 않을 수 없게 했다. 이미 사람이 해내기 어렵거나 귀찮은 일을 로봇에게 맡기고 있지 않은가.

이렇게 예술이 이루어내는 일은 긴 시간에 확실한 변화를 이끌어 오지만, 무엇인가를 빨리 이루어내야 한다는 조급증을 가진 사람에게는 답답한 일로 여겨질지 모른다. 그래서 정부나 지자체들은 그 효과가 더디 나타나기 때문에 투자를 적게 하는 것이 일반적이다. 또 설사 어렴풋이 안다고 해도 눈에 보이는 효과를 제쳐두고, 눈에 보이지 않는 변화를 위해 투자하는 것을 꺼려서 언제나 우선순위에서 밀린다.

예술 문화의 시대라고 하는 이 시점에선 분명 생각을 바꾸지 않으면 안 될 것이다. 예술 작품은 먼 미래의 우리 삶이 될 것들을 그려내고 있다. 예술이 하는 일에 급하게 효과를 보려고 하는 것은 어리석은 일이 아닐 수 없다. 스피노자가 "설사 내일 지구가 멸망한다고 해도 오늘 사과나무를 심겠다."고 하는, 그런 정신이 예술 정책에 반영되어야 한다.

최근 스티브 잡스의 전기를 읽던 중 "예술의 임무는 추함을 몰아내는 것입니다."라는 구절을 읽었다. 스티브 잡스의 말이 아니라 U2 록밴드의 리드 싱어 보노가 한 말이다. 매우 구체적으로 예술의 임무를 정의한 것으로 받아들였다. 그렇다. 아름다움을 창조한다는 것은 바로 추함을 몰아내는 것이다. 예술의 고전적 정의를 크게 벗어난 것이 아니지만, 그것을 구체적 언어, 행동적 언어로 표현하니까 분명한 의미가 된다.

외연을 넓히면 정치가 해야 할 일도, 지방 정부가 해야 할 일도 결국은 세상에 존재하는 추함을 몰아내는 것이 아닐까. 추함이 없는 세상은 아름다운 세상이고 그 아름다운 세상이 분명 인류를 행복하게 할 것이니 말이다. 그래서 정치도, 행정도, 개인도 예술과 친해져야 한다. 그래야만 세상의 추함을 몰아낼 수 있을 테니까 말이다. 이제 누가 예술의 임무가 무엇이냐고 내게 물으면 보노의 말을 패러디해서 "예술은 추함과 악함을 몰아내는 것"이라 말해줄 것이다.

2011. 12. 30.

문화로 가슴 덥혀야

21세기를 '문화의 시대'라고 부른다. 이 명제는 누구나 수용하고 있다. 세기마다 그 세기의 특징을 드러내는 말로 무슨 무슨 세기라고 말하고 있지만 변화의 속도가 빠른 최근에는 한 세기를 규정짓는 말로 하나의 단어가 부족할 정도다. 그러나 1세기 간의 변화라 해도 '문화의 시대'라고 한다면 '문화'라는 개념의 범위가 워낙 넓어서 그 속에 충분히 포함될 수 있기 때문에 큰 무리가 없을 것 같기도 하다.

'문화(文化)'라는 말은 얼마나 많은 의미를 담고 있는가. 사전적으로 "자연 상태에서 벗어나 일정한 목적 또는 생활 이상을 실현하고자 사회 구성원에 의하여 습득·공유·전달되는 행동 양식이나 생활양식의 과정 및 그 과정에서 이룩하여 낸 물질적·정신적 소득을 통틀어 이르는 말"로 푼다. 여기에 의식주를 비롯하여 언어·풍습·종교·학문·예술·제도 따위를 모두 포함하는 것이니까 이 영역을 벗어날 게 별로 없는 것이다.

역사학자들 중엔 인류 문명의 발달을 인체에 비유하여 손·발의 시대 – 머리의 시대 – 가슴의 시대로 분류하는 사람도 있다. 원시시대를 손발의 시대, 원시 이후 산업혁명

부터 20세기 말까지를 머리의 시대, 21세기를 가슴의 시대로 분류하는 것이 그것이다. 원시시대는 그야말로 노동의 시대로 손과 발이 재화 생산의 가장 중요한 수단이었다. 따라서 노동력의 확보가 가장 중요한 시대였다.

머리의 시대는 손과 발보다 머리가 재화 생산에 더욱 효과적이라는 사실이 증명된 시대다. 각종 기계문명의 발달은 인간의 머리가 이룩해낸 일이었고, 손과 발이 하던 일의 양과는 비교할 수 없을 정도로 생산량이 엄청나게 늘어났다. 산업 혁명 이후 20세기 말까지의 삶의 변화 양상을 보면 상상을 초월할 정도다. 그런 변화의 속도는 시간이 흐름에 따라 더욱 속력을 내며 21세기에 다다른 것이다.

기계 문명의 발달은 분명 인류에게 노동의 힘듦을 덜어주고 굶주림에서 벗어나게 하는 데 지대한 역할을 했다. 그러나 이 같은 기계 문명의 발달은 인간의 몸을 편안하게 해 준 것은 사실이지만 가슴을 덥혀주는 일을 외면했다. 기계 문명이 인간의 가슴을 싸늘하게 식혀버린 것이다. 따라서 21세기가 문화의 시대가 되는 것은 어쩌면 피할 수 없는 일이었을지도 모른다. 기계 문명이 식혀버린 싸늘한 가슴으로 인류가 살 수 없기 때문인 것이다.

21세기 문화의 시대는 결국 기계문명이 싸늘하게 식혀버린 인간의 가슴을 덥히는 일이 가장 중요한 일로 대두되게 되었다. 인간의 가슴을 덥히는 일이 재화를 생산하는 중요한 수단이 된 것이다. 이른바 굴뚝 산업이라 칭하는 공업 제품의 생산 보다는 한 권의 책이, 한 편의 영화가, 한 곡의 노래가 더 큰 재화를 생산하며 식어버린 인간의 가슴을 덥힐 수 있는 방안으로 채택된 것이다.

이런 문화의 시대 키워드로 'Fusion', 'Hybrid', 'OSMU(one source multi use)' 같은 용어들이 우리 생활에 깊숙이 파고들었다. 따지고 보면 그것들은 같은 의미가 될지 모른다. 좀 더 많은 기능을, 좀 더 힘센 것을, 좀 더 진한 감동을 주기 위하여, 이것과 저것을 합치고, 저것과 이것을 손잡게 하는 것이다. 또한 하나의 자원도 단순한 하나의 목적으로 만 사용할 것이 아니라 하나를 다양하게 활용하는 방법을 탐구하게 된 것이다.

실제 우리 삶은 이미 문화의 시대 키워드 적 삶을 살고 있다. 한 손에 모든 것을 다 집어넣겠다는 기계 공학의 꿈, 유비쿼터스 같은 것은 어느 한 분야의 기술로만은 불가능한 일이다. 따라서 만나지 않은 것들을 만나게 하여 더 강한 힘과 생산성과 감동을 높이자는 것이 이 시대의 흐름이 된 것이다. 그런데 정작 중요한 것은 인류는 손을 잡는 것이 아니라 서로의 손을 놓고 있다는 것이다. 그래서 문화가 필요하게 되었다.

문화의 시대를 살아가기 위해서는 삶의 방향을 수정해야 한다. 지금까지 한국의 보통 사람들의 삶은 아파트 평수 늘이는 데 목숨을 건 것이 아닐까 싶다. 그러나 문화의 시대는 그래선 안 된다. 아파트 평수보다 가슴의 평수를 넓히는 데 목숨을 걸어야 한다. 기래를 준비하는 일도 그렇다. 노후 준비라면 모두 돈을 먼저 떠올리지만 돈도 무시할 순 없지만 인생을 즐기며 살거리를 만들어가야 한다.

거리마다 넘쳐나는 노래방의 불빛은 휘황찬란하고 도서관의 불빛은 꺼지는 사호, 애창곡은 많아도 애독서 한 권 없는 삶, 이 같은 삶의 방식으로는 식어버린 인간의 가슴을

덥히기 어렵다. 싸늘히 식은 가슴을 덥히기 위해서 가장 가
까이 해야 할 것은 아무래도 책이다. 책 만이라고 단적으로
말하기는 어렵지만 책을 가까이 하는 삶이 그래도 적중률
이 가장 높은 미래 예측이 될 수밖에 없다.

저 자 **문무학**

경북 고령 낫질 생
한국방송통신대학 행정학과 졸업
대구대학교 대학원 국어국문과 석,박사과정 졸업(문학박사)
1982년 제38회 『월간문학』신인작품상 시조 당선으로 데뷔
1988년 『시조문학』지 문학평론 천료.
시조집 『가을거문고』『설사 슬픔이거나 절망이더라도』
『눈물은 일어선다』『달과 늪』『풀을 읽다』『낱말』
선집 『벙어리뻐꾸기』
이론서 『시조비평사』
기타 『지혜보다 밝은 눈이 어디 있으랴』『문학사전』등 펴냄.
현대시조문학상, 유동문학상, 대구문학상, 대구시조문학상,
윤동주문학상, 대구광역시문화상(문학부문), 이호우시조문학상,
자랑스러운 방송대인상 대상, 2011자랑스러운 대구대인상 등 수상
영남일보 논설위원, 대구시조시인협회장, 대구문인협회장을 거쳐
현재 한국예총 대구광역시연합회 회장,
대통령소속 사회통합위원회 대구광역시 지역협의회 의장으로 있음.